寻找民间文化力量

探宝觅踪

南方都市报社——

著

SPM
南方传媒

广东人民出版社

·广州·

图书在版编目（CIP）数据

探宝觅踪：寻找民间文化力量 / 南方都市报社著 . —广州：广东人民出版社，
2023.12

  ISBN 978-7-218-17324-5

  Ⅰ . ①探… Ⅱ . ①南… Ⅲ . ①地方文化—广东—通俗读物 Ⅳ . ① G127.65-49

中国国家版本馆 CIP 数据核字（2024）第 003046 号

TANBAO MIZONG : XUNZHAO MINJIAN WENHUA LILIANG
探宝觅踪：寻找民间文化力量

南方都市报社　著

出 版 人：肖风华

责任编辑：赵　璐
装帧设计：尹洁琳
责任技编：周星奎

出版发行：广东人民出版社
地　　址：广州市越秀区大沙头四马路 10 号（邮政编码：510199）
电　　话：（020）85716809（总编室）
传　　真：（020）83289585
网　　址：http://www.gdpph.com
印　　刷：广州市人杰彩印厂
开　　本：787 毫米 ×1092 毫米　1/16
印　　张：11　字　数：120 千
版　　次：2023 年 12 月第 1 版
印　　次：2023 年 12 月第 1 次印刷
定　　价：88.00 元

如发现印装质量问题，影响阅读，请与出版社（020-85716849）联系调换。
售书热线：（020）87716172

编委会

主任

戎明昌　刘江涛

副主任

王　佳　黄　超　陈伟斌

编纂统筹

陈伟斌　靳　格　柯晓明　陈成校

编纂人员

彭思敏　刘　芳　危　艺　翁安琪　刘红豆
陈艺丹　黄　薇　吴佳琳　钟　欣　杨　杰
林耀华　刘益帆　贺　蓓　胡群芳　张　静
苏芬南　陈蓓蕾　张　勋

摄影

钟锐钧　冯宙锋　黎湛均　张志韬　魏雄锋
张　驰　杨　杰　伊凯文　陈　冲　陈杰豪
曾俊豪　刘宝洋　龙　飞

扫码看

《探宝觅踪》纪录片

序

跨古越今，塑造湾区人文精神
探宝觅踪，推动文化传承创新

南方都市报

　　赏一件海丝文物、走一趟岭南诗路、穿一袭千年粤绣……这是"湾区人"能够轻松实现的事情。粤港澳大湾区文化底蕴深厚，多元包容。在这片土地上，不仅有阳春白雪，其民间文化也如繁星闪烁，口耳相传，延续至今，蕴含着湾区人民无尽的智慧，构成了湾区文化中灿烂的生命潜流。

　　民间文化是人民群众创造的，它是大众的文化，内含着一方民众的集体智慧与文化逻辑，承载着区域社会长期传承的道德观念、精神需求、价值体系等，是实现民众幸福感和区域社会和谐发展的重要因素之一。粤港澳三地能够携手共建国际一流湾区和世界级城市群，正是缘于拥有以岭南文化为核心的共同的历史文化基础，而民间文化便是其中的"精神纽带"，它包含着人同此心的统一性、延续性。通过民间文化，湾区人在现实境遇中找到了共同的价值指向。

　　时至今日，在时光的映衬之下，民间文化显现出越发深邃迷人的魅力。通过"活态传承",它们在社会发展大局、参与国家文化建构中扮演着越来越重要的角色,并在古老历史与现代文明共生共存、互相激发的火花中,呈现出多元的时代形态。作为湾区主流媒体,发掘湾区民间文化蓬勃向上的活力,呈现其背后的文化力量,续传文化的薪火,南方都市报有着不可推卸的使命和担当。"让历史发声,让文物说话",博物馆是历史文化的承载,是我们与人类文明的过去无限接近的地方。也就是在这样的背景和初衷下,人文纪录片《探宝觅踪》应运而生了。

《探宝觅踪》人文纪录片,是在中共广东省委宣传部、南方报业传媒集团指导下,由南方都市报、N视频策划发起,并邀请香港主持人陈贝儿、粤剧名伶曾小敏、时尚博主黎贝卡、设计师曹雪、说唱歌手组合农夫FAMA、奥运冠军谢思埸、建筑大师倪阳、画家林蓝作为民间文化探寻者,从海丝商脉、东江遗韵、千年绣色、精雕细琢、岁月之酿、广府药膳、匠心巧思、丹青岭南8个主题出发,走访30家博物馆,实地实景触摸历史,身临其境感受文化,在雅兴与俗趣、想象与现实中追根溯源,打开湾区民间文化的文澜道脉,探寻文化传承背后的传奇故事。

《探宝觅踪》是媒体首次系统性地将镜头对准湾区博物馆,以极具开创性的格局立意,以"致广大而尽精微"的制作理念,成功让湾区民间文化"破圈"。整个纪录片系列以中英双语发布,海内外触达人群近2亿,联动超100家媒体、高校、文化单位共同发布,相关微博话题阅读量超1.5亿,多次登上热搜榜,广东各地市6万多块户外地标大屏被其"点亮",并推出湾区民间博物馆首个"数智人"进行广东历史文化穿越之旅，真正实现了跨平台裂变式传播。在此基础上，我们还举办线上线下活动，研发文化创意产品，进一步开拓湾区民间文化传播方式，挖掘其多元价值。

《探宝觅踪》还得到学界业界诸多学者专家的点赞认可。粤剧名伶、民间文化探寻者曾小敏回顾纪录片拍摄过程时感慨万千，表示一路上让她受益匪浅，并希望《探宝觅踪》能够得到大力推广，让更多人了解中华优秀传统文化。日本国驻广州总领事馆副总领事萩野明之认为：系列纪录片很有启发性，在文化交流方面有创造性，很多外国人对中国传统文化感兴趣，但不太了解各个地区独有的文化特色，通过《探宝觅踪》来认识岭南文化、大湾区文化，是一个很好的出发点，"期待下一季"。

值得一提的是，南方都市报、N视频在项目执行期间还发动民间力量积极传播民间文化，组织超过500名大学生和青少年群体随行探访，生产超过300条短视频，以青春之力进一步挖掘湾区人文精神，推动文化传承创新。

在《探宝觅踪》纪录片的拍摄过程中，还有许许多多精彩的故事和珍贵的文物没有被镜头记录下来，但我们希望可以通过文字和图片弥补这些遗憾，因此也促成了这本书的诞生。它会带你走进一场民间文化"纸上特展"，在你轻轻翻过纸页的时候，再次感受民间文化绵亘不绝的力量。这里有追昔怀古的辉煌和荣光，也有照进现实的智慧和经验。

目 录

探宝觅踪

▼ 民间文化探寻者
中国香港主持人陈贝儿

▼ 民间文化记录团
危艺 翁安琪 钟锐钧 陈冲

▼ 本章主笔
王佳

第一站

海丝商脉

永不落幕的"广交会"

1757 年前后，一名年轻的英国绅士与爱人依依惜别，登上代表当时先进航海技术的风帆动力船，在季风与洋流的助推下启程前往陌生而遥远的东方国度。

这注定是一次充满未知的远行，漫长的航程既潜藏着人力无法抗衡的艰险，同时也意味着诱人的财富与机遇。

数月之后，他抵达名为广州的城市，并在这里完成了自己的"淘金梦"。最终，他满载而归，与爱人重聚。

为了纪念这段经历，他掷重金从这片曾经涉足的热土定制了一只广彩大碗，将珍视的旅程画面、爱人的名字绘于其上——

"DARLING ELIZABETH"

"亲爱的伊丽莎白"

这便是海上丝绸之路上的一则往事。

千百年来，在这条连通太平洋和印度洋，连接中国、东南亚、中东与非洲的航道上，无数商贾、使节心怀梦想，毅然驶向远方，郑和、义净甘愿为它成"海漂"……

这场永不落幕的"广交会"究竟承载了多少传奇，串联了多少宝藏？

清代乾隆广彩洋人远航图大碗（侧面）。广州十三行博物馆藏

清代乾隆广彩洋人远航图大碗（碗内）。广州十三行博物馆藏

阳江五车斋藏书博物馆馆长覃世尧（左）与民间文化探寻者陈贝儿在分享交流海上丝绸之路的历史。

在"南海Ⅰ号"考古专家叶道阳（右）的导览下，陈贝儿第一次走近"南海Ⅰ号"。

| "南海 I 号" 的秘密 |

与"南海 I 号"的邂逅，如同打开探寻海上丝绸之路的一块"多面镜"。

1987 年，这艘载有大量货物的南宋商船在广东阳江上下川岛附近海域被意外发现，800 多年前海上丝绸之路上的一个鲜活历史片段由此揭开尘封已久的面纱，也展露出宋代中外海上贸易往来与文明交流的繁盛一角。

此后数十年，考古工作者们怀着无限遐想，展开漫长的水下调查、整船打捞、全面发掘和保护修复。

在广东海上丝绸之路博物馆为其量身打造的"水晶宫"内，"南海 I 号"迎来迟到了 800 多年的开箱卸货。

走进"南海 I 号"的世界，宛如穿越进古人的 Shopping Mall。这里有光彩夺目的金银器、珍贵罕见的漆木器、数量巨大的铜铁器、琳琅满目的玻璃器……叫人目不暇接。

更有数以万计的各式陶瓷器，它们产自德化窑、磁灶窑、景德镇窑、龙泉窑、南海窑……几乎囊括了当时南方地区的各大窑口。

其中不少瓷器型"洋味"十足，从模仿金银器型烧制的执壶、瓷碗，到适用吃手抓饭的瓷盘等，都具有浓郁的异域风情，被认为是海外市场"来样定制"的产物。

其中最引人注目的，当属一条 1.7 米长的鎏金腰带和一只拇指粗的龙纹金手镯，这让人们对船上人员的身份有了更多猜测——

当年此类饰品的所有者必定非富即贵。是否有体格壮硕的西域商人随船远行？或是说这些是货主随身携带的私人物品，用以彰显他走南闯北积累下的雄厚财富？

龙泉窑青釉菊瓣卧足碟。广东海上丝绸之路博物馆藏

景德镇窑青白釉菊瓣纹花口碗。广东海上丝绸之路博物馆藏

德化窑白釉花卉纹大碗。广东海上丝绸之路博物馆藏

磁灶窑酱黄釉四系罐。广东海上丝绸之路博物馆藏

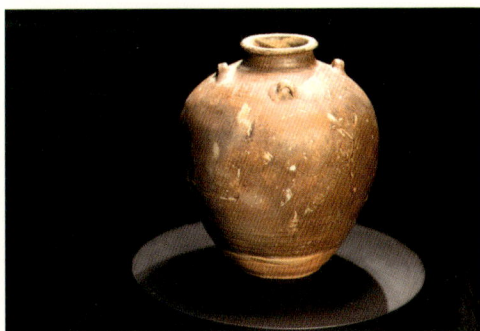

南海窑印花罐。广东海上丝绸之路博物馆藏

金虬龙纹环。广东海上丝绸之路博物馆藏

答案仍待揭晓。

对于考古工作者来说，远洋的商船如同一个相对独立的社会的缩影，"南海Ⅰ号"便是一个保存完整的"时间胶囊"，浓缩着南宋生活的各个方面。

除货品之外，随"南海Ⅰ号"再现于世的铜镜、木梳、秤盘、砝码、种子、谷物、试金石、观音像等，共同拼凑出一幅生动立体的宋代商人海上生活图景。

都说鉴古知今，"南海Ⅰ号"为深入研究古代海上丝绸之路提供了许多鲜活的资料。

我们可以看到，中华民族的先人通过这条大航道，把当时中国的技术、经验和理念捎到远方，也吸纳了许多外来文化。

｜ 怀圣寺与番坊 ｜

　　自唐代起，广州已成为名扬天下的中国大港，见证无数商船从这里启程、停靠补给或是归航。

　　海外宗教的使徒也由广州登陆，带来佛教、伊斯兰教的种子。

　　相传伊斯兰教"四大贤人"之一的赛义德·艾比·宛葛素便于唐初来到广州，临珠江古航道北岸建立了中国最早的清真寺——怀圣寺。

怀圣寺光塔。

寺内西南角矗立着一座阿拉伯风格的邦克楼，通体洁白，名为光塔，是当时来往商船用以引航的地标建筑。

光塔自宋代起便有"昼则悬旗，夜则举灯"的记载。清代《南海百咏续编》中更有书"夜则燃火，以导归帆"。商船见到光塔，便知已达广州。

随着远道而来的大食商人日益增多，唐朝廷以怀圣寺为中心设立番坊，专供番客定居生息。

番坊事务不轻易受地方府衙干涉，番人可以在中国娶妻生子、办学经商，甚至参加科考，入朝为官，番民选举推荐的"番长"亦可同地方官吏享受同等待遇。

如今在光塔路一带的巷子里，旧日"番药珍宝，积载如山"的热闹繁华已经褪去，可那段和谐交融的记忆仍在广州这座千年商都的烟火气中沉淀、延续。

与伊斯兰文明的碰撞互鉴，也在中国制瓷工艺发展的历史长河中，引发了一场意义深远的艺术变革，孕育出被后世视为中国重要对外名片之一的青花瓷。

| 一片匠心在古瓷 |

走进广州越秀老城区，德政南路街角处一座红砖小楼临街而立，上书"普公古陶瓷博物馆"的金字匾额与古朴的木门相得益彰。

推门而入，随着一件件诞生于不同年代的古陶瓷藏品映入眼帘，一幅中国瓷器从诞生走向成熟的历史画卷徐徐展开。

穿行期间不难发现，制瓷工艺的发展几乎贯穿中国历史的各个时期，是中华文化重要而独特的载体，从中亦能窥见兴于唐宋的中外商贸、文明交流所带来的影响。

陈贝儿与普公古陶瓷博物馆馆长蒲亭利（左）演绎穿越古代"看"文物。

　　种种史料表明，青花瓷的钴蓝色料"苏麻离青"最初来自中东地区，在纹饰题材上更继承了显著的异域风格——

　　《古兰经》中绿意葱茏的乐园意象，使植物图案在伊斯兰文化中占有重要地位，也成为青花瓷上最初的常见纹饰。此外，白地蓝花的装饰效果寓意纯洁、高尚、凝重，亦符合穆斯林的审美需求。

　　因此，最早烧造于唐代的青花瓷，起初主要是为了供应海外市场。直至明代，已经能够批量生产的青花瓷才作为宫廷用瓷，由景德镇御窑厂专门烧造。大量优质民窑也在同一时期兴起，在御窑厂完不成进贡任务时与官窑搭烧。

　　数百年间，青花瓷艺术不断发展、革新，在明清时期创造了新一轮的中国美学巅峰。其中，明永乐、宣德年间青花瓷器更以其浓重明艳的呈色和充满异域风格的造型，被后人赞誉为"发旷古之未有，开一代之奇葩"。

　　在海外市场，青花瓷也持续开疆拓土，成为中国出口贸易瓷的大宗。

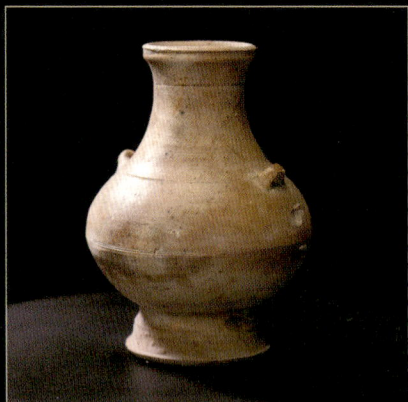
汉代双系壶。普公古陶瓷博物馆藏

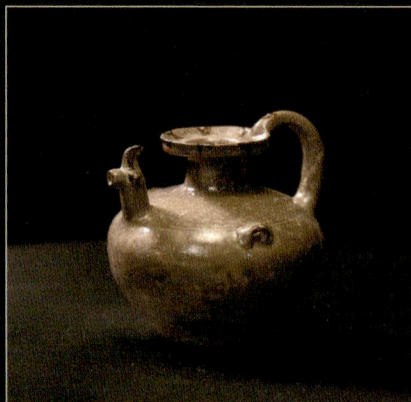
两晋鸡首壶。普公古陶瓷博物馆藏

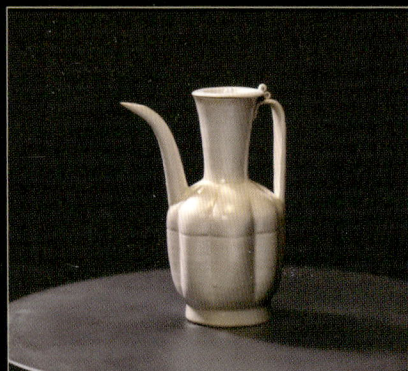
宋代影青釉瓜棱纹执壶。普公古陶瓷博物馆藏

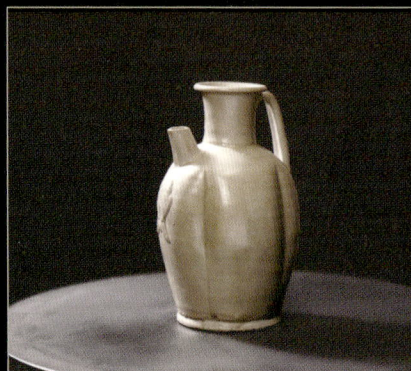
唐代长沙窑瓜棱纹贴花执壶。普公古陶瓷博物馆藏

清代广彩开光人物故事花鸟纹壶。昔公古陶瓷博物馆藏

岭南原始青瓷鼎。曾公古陶瓷博物馆藏

| 风靡欧美的广彩 |

如果说青花瓷是以"远尘淡墨调烟雨，一见倾心镌画台"之姿彰显大国匠气，那么广彩瓷的浓墨重彩则是一次引领世界的审美潮流。

如今，在十三行商馆区的旧址上，已成为广州文化新坐标的广州十三行博物馆开门迎接四方来客。馆内，那只印有"DARLING ELIZABETH"的广彩大碗正静静安放在玻璃展柜之内。

在引人遐想的浪漫爱情故事之余，碗心"1757"的标识亦是历史的见证。

这或许是碗主人航行至广州的年份。也正是在这一年，清乾隆皇帝颁布圣旨宣布"番商将来只许在广东收舶交易"，开启广州"一口通商"的辉煌篇章。来自英国、法国、荷兰、瑞典、美国等国家的商船汇聚于此，广州俨然成为对外贸易中心。

伴随着日益繁盛的国际贸易往来，盛极一时的广州贸易体制应运而生。

当时，清政府为规范贸易和保证税收，指定有一定实力的十三行行商与远道而来的外商做生意，同时，代征关税。在此制度下，粤海关税收一度成为清政府财政收入的重要来源之一。

同一时期，沿着海上丝绸之路远销海外的中国陶瓷受到欧美宫廷和贵族的追捧与喜爱。为更好满足外销需求，善于变通的广州工匠采用青花、五彩、粉彩等色釉，以及进口颜料，按照西方人的审美喜好及绘画技法，在景德镇运来的白瓷胎上彩绘各种图案。

由于大量使用描金，给人以富丽堂皇之感，广彩又被称为"广州织金彩瓷"。早期广彩一件瓷器就是一幅画，纹样很少重复，每一件都是名副其实的"限量版"。

绘工精美、浓墨重彩的广彩瓷很快成为引领新潮流的"顶级奢侈品"。

广彩折枝花卉徽章纹八角碟。
广州十三行博物馆藏

　　不少欧美贵族乃至皇室以拥有装饰家族纹章图案的瓷器餐具为荣，为此不惜时间与金钱成本，专门从广州成套定制，以彰显家族的显赫地位与雄厚财力。

　　开海贸易的同时，广州也逐渐成为东学西传、西学东渐的前沿阵地，在中国与世界的经济、文化交流中留下了独一无二的历史印记。

　　许多西方学者慕名而来，他们研习中国的历史与文化，在欧洲掀起了"汉学热"，促进了中国的哲学、农本思想、语言文字、中医中药、工艺美术等面向世界的传播。

　　觅踪两万里，纵览两千年。时至今日，和平合作、开放包容、互学互鉴、互利共赢，仍是海上丝绸之路得以生生不息的基因。

　　千百年来，陶瓷以文化使者的身份，推动中华文化"走出去"，启发世界了解中国灿烂的历史文明和辉煌的艺术成就，同时也引领全球中华儿女追寻传统文化，一代又一代地傲立于时代之潮头。

　　如今，一艘艘现代化的货轮，满载着新的希望和梦想，再次扬帆起航……在这条古今交汇的航路上，众多现代化港口群正勾勒出21世纪"海上丝绸之路"的恢弘轨迹。

广彩博古纹章盘。广州十三行博物馆藏

广彩人物纹镶小天使铜座大碗。广州十三行博物馆藏

- 民间文化探寻者说 -

南都：吸引你成为本次文化探寻者的原因是什么？

陈贝儿：从两年前的《无穷之路》开始，我获得了很多在内地拍摄不同题材节目的机会，每一次对我来说都像是一场"寻根"之旅，让我更加了解自己的祖国，这次也不例外。所以我很荣幸能够受邀参与此次拍摄，让我有机会循着海上丝绸之路的文化脉络，将目光投向千百年前，看看不同时期的中国商人是如何与国际接轨，以及我们国家历史上的文化盛景是如何吸引全球目光的。

南都：此次探寻之旅有哪些令你印象深刻的细节？

陈贝儿：在普公古陶瓷博物馆，我和蒲亭利馆长一起换上了古装扮相，按照古时的风俗习惯演绎华夏先民们在日常生活中使用陶瓷器皿的场景。这对我来说不仅是一次新鲜有趣的尝试，更启发我的思维穿越千年。那一刻，我感觉躺在展柜中的文物仿佛"活"了过来，带着我走进历史上一个个鲜活的生活片段。

还有在广州十三行博物馆，一边参观兼具艺术与实用价值的广彩瓷，一边听着荣誉馆长王恒详尽的解说，让我对那段历史有了更为深入的了解。尤其当我知道，那时有许多欧洲贵族不远万里从广州订购印有自己家族象征的徽章瓷以彰显身份的时候，我感到由衷的自豪。

南都：此次拍摄带给你哪些启发？

陈贝儿：我始终相信，只有知道先人们从哪里来、曾经历过什么，我们才能对当下有更加清晰的认知，才能对前路更有底气与自信。因此在此次拍摄中我能感受到一种使命感，我希望扮演桥梁的角色，吸引更多不仅是内地，更包括香港的观众们，亲身走进博物馆，去了解我们国家在历史长河中所经历的波澜壮阔。我也希望未来能继续不断以新的作品，带领观众探寻祖国广博而深厚的文化底蕴。

第二站

▼ 民间文化探寻者
广东粤剧院院长曾小敏

▼ 民间文化记录团
柯晓明 刘红豆 钟锐钧 陈冲 陈杰豪

▼ 本章主笔
柯晓明

东江遗韵

东江文脉永流长

　　千年前的宋代，古人就已经开始了"多功能发明"。在惠州市惠阳区南宝东江流域古陶瓷博物馆中，就藏着这样一个出土于东江流域的多功能酒壶——它釉色古雅、沉稳，釉面均匀、滋润，在底部开一小洞，呈巧妙的中空设计，不仅能够用来倒酒，也可将烛火架入其中，用来煮酒、温酒。"带霜烹紫蟹，煮酒烧红叶。"想象待壶中酒变热时，倒入小酒盅慢慢抿两口、细细品味，再哼两句宋词散曲——便宛若翻开了东江流域人民临水而居，多彩而诗意的民俗生活。

青釉温酒壶。东江流域
古陶瓷博物馆藏

汉代陶井。东江流域古陶瓷博物馆藏

　　悼此江之独西，叹妙意之不陈。在北宋大文豪苏东坡纷繁的诗篇中，曾有这样一条江河荡涤其心胸，润泽其笔墨，这便是岭南大地的母亲河——东江。自赣入粤的东江，蜿蜒南流，雄浑磅礴的江水与周边的土地水乳交融，将中原、客家、广府、潮汕等地区众彩纷呈的民俗文化一一收纳囊中，孕育出兼容共生、个性独特的东江民俗文化。

　　在这条江河所滋养的土地上，民俗文化遗产星罗棋布，它们延续着千年不灭的生活方式，映照着东江流域源远流长的历史，每一件、每一笔都记录着东江民俗文化的灿烂篇章。

｜ 东江"民间酒局"：千年共饮罗浮春 ｜

　　走进惠州市惠阳区的南宝东江流域古陶瓷博物馆，东江出水的"陶瓷遗臻"琳琅满目，原始青瓷、古陶瓷标本、明代三彩……历史上东江先民的劳动创造和智慧由一件件藏品串起。其中，温润的青釉酒碗，造型独特的台盏、盘盏，融合多种设计风格的执壶等形式各样的陶瓷酒器，将展馆的玻璃展柜摆得满满当当，仿佛正无声地诉说着昔日岭南民间热闹的日与夜。

　　据南宝东江流域古陶瓷博物馆理事长黄恺妍介绍，该博物馆是目前广东省首家以"东江流域"命名，并以"古陶瓷"为主题的专题博物馆，馆内共有藏品 800 多件，以及东江出水及东江流域十大窑口遗址出土的各类古陶瓷标本 1000 余件，大多是先辈从东江中打捞上来的。

　　对黄恺妍来说，东江流域是一座藏品丰富的"水下博物馆"，每一件瓷器都有着不同的故事。陶瓷既是工艺美术品，也是民俗文化载体，小小的瓷器中可窥见民间众生万象，更能够折射出东江历史的荣光。

宋代带盖素面陶梅瓶。东江流域古陶瓷博物馆藏

惠州糯米酒酿造环节中的"选米"环节。

宋瓷配上佳酿，酒的本身承载着东江舌尖上的"大文化"。

"一杯罗浮春，远饷采薇客。"在谪居惠州期间，苏东坡曾自酿米酒，名曰罗浮春。那时惠州地处岭外，瘴毒蔓延，民间只得自行酿酒饮酒，祛除瘴毒，而"罗浮春"的酿造，正是苏东坡从当时惠州的糯米酒中"偷师而来"。

循着酒香，走进东江食品酒业带着岁月印记的酒坊。在这座酒坊中，流淌的时间是最好的"酒曲"。作为惠州糯米酒传承人，东江酒业酒坊女主人钟兴玲在酿造有着近千年历史的客家糯米酒时，仍遵循传统的古法技艺。除了浸泡、

惠州糯米酒传承人钟兴玲（左）遵循古法技艺酿造惠州糯米酒。

民间文化探寻者曾小敏与钟兴玲一同品尝客家糯米酒。

蒸饭、糖化、发酵、压榨、澄清、勾兑、灭菌、装瓶……一壶糯米酒还要经暗火"炙"出香郁醇味，才能够摇身一变成为人间珍酿。出厂一壶糯米酒要经过12道工序，历经3—6个月的古法发酵，才得以沉淀出岁月打磨后的醇香，酿出窖藏里经久不衰的味道。

　　一杯甘甜的糯米酒入喉，绵甜爽净，芬芳醇厚，回味无穷，每一口，均是坦诚炽热又质朴至真的岭南民风。千百年后的今天，这酒依旧飘香十里，因为世世代代的东江人始终相信，生活的滋味，由自己烹煮酿造。

| 东江"时尚秀场"：巧手织竹话东坡 |

"围屋方方呀凉帽圆，哥想妹呀心似煎……"一句客家山歌，唱出祖祖辈辈客家人生活中离不开的两样传统——围屋与凉帽。客家人把凉帽称为"凉笠"，除了有遮阳、防雨、防尘的功能外，还是客家妇女独特的头饰。作为客家传统服饰的一种，客家凉帽代表着客家女孩的"勤"与"柔"，纯手工制作的背后承载着手艺人赋予它的灵魂。

在惠州罗浮山下的客家婆民俗文化馆，各种颜色的客家凉帽悬挂在古色古香的屋檐上，精致的蜡像人偶手持凉帽站在屋檐下，生动形象的客家凉帽制作场景与屋檐旁刻着的文字共同讲述着这顶小小凉帽源远流长的动人故事。相传，北宋时期苏东坡被贬惠州，有一天见爱姜王朝云顶着烈日在花园里打理花草，为了爱姜不受日晒雨淋，就在当时竹笠的基础上，在中间开一孔以容纳发髻。人们纷纷效仿，于是成了后世的客家凉帽。

2013年，惠州本土的客家凉帽制作技艺入选第五批广东省非物质文化遗产项目。千年手艺因一代代传承人的努力，在新时代焕发出新魅力和无限生机，书写着文化传承的全新篇章。

客家凉帽外形看似简单，制作技艺却一点都不简单。据客家凉帽制作技艺的传承人陈瑾瑜介绍，从原材料到成品，要经过破竹、织篾、扫桐油、压制、定型、切头、剪边、立头、夹框、再刷油、扎边、上边布、收角、装耳带等20多道繁杂的工序，凉帽才大功告成。凉帽"中开一孔"的设计，完美地容纳女性发髻，半透明的遮帘随风飘摇，垂在眼前，恰好能够映衬帽檐下客家女子温润的脸庞。

许多年前，凉帽的遮帘曾长至下巴。后人将它改短，客家妇女也自此摈弃"女

客家凉帽制作技
艺传承人陈瑾瑜
（右）从母亲朱
冠玉手中继承凉
帽制作技艺已有
40 多个年头。

省级非遗项目客家凉帽制作技艺。

客家凉帽制作技艺传承人陈瑾瑜（左）为曾小敏佩戴客家凉帽。

人不抛头露面"的古中原遗风。"箩盖花""满天星""福字""梅花仔"等多个时尚花色取代了单一的黑色,小小凉帽摇身一变成为当时潮流的"风向标"。

作为传承人,陈瑾瑜从母亲朱冠玉手中继承下凉帽制作技艺,至今已有40多个年头。20世纪90年代后期,随着各种物美价廉、工厂生产的旅游帽的出现,会织凉帽的人越来越少,全村只剩朱冠玉一户在织售凉帽,成了惠阳区最后一家纯手工制作凉帽的作坊。由于机器生产不出符合尺寸的篾,为了保持凉帽的制作水准,朱冠玉与陈瑾瑜一直坚持着手工制作。

随着时代变迁,凉帽不再是人手一顶的生活必需品,但这既轻巧、遮阳,又美观、大方的凉帽,依然为守着客家传统的妇女所喜爱。随着国潮兴起,色彩缤纷的凉帽走向民俗表演的舞台,还成为马来西亚等国家华人华侨争相订购的传统服饰。历经近千年的传承与演变,如今,它正以更加丰富的形态,传播到世界各地。

| 东江"艺术雅集":春秧化作油彩浓 |

漫步在惠州市龙门县罗江围近郊的田野山间,春耕时节,秧苗长出新芽,农民弯腰忙于农耕,一幅生机勃勃的"春耕图"展现眼前。不远处,龙门县文化馆静静伫立,与田间的农耕景象相映成趣,这里便是"岭南艺术奇葩"龙门农民画的展出之地。

步入馆中,一幅幅色彩鲜艳、形态夸张、题材丰富的画作映入眼帘:乡村竹林里采收竹笋的村民,丰收季节舂米的妇女,稻田里嬉戏的孩童……生动记载着田间劳作、民间习俗、乡村风貌的图景,连起来便是一卷独特的"岭南民俗风情图"。

　　龙门农民画是源于生活又表现生活的传统美术，其作品充分吸收和继承了传统的民间艺术形式，明代粤北、粤东等地的移民用以装饰祠堂、庙宇等建筑的民间绘画技艺，龙江、麻榨的扎花篮，永汉的墙壁画，沙迳的画花床，龙城的糊龙头、糊狮头、扎花灯等民间艺术，对龙门农民画的绘画风格都产生了深远影响。

　　在龙门县文化馆中，有一组作品十分特别：每一幅画旁都贴有一个二维码，参观者只要扫码就可以听到与画中所描绘的场景配套的一首客家山歌。这组画作正是农民画艺术大师王汉池的作品《客家山歌农民画组画》，画中的山歌均由王汉池亲自演唱。这些"会唱山歌的农民画"不仅让歌被"画"活了，纸上的画儿也被"唱"活了，带给人视觉与听觉的奇妙感受。2015 年，《客家山歌农民画组画》获得第十二届"中国民间文艺山花奖"，王汉池也成为惠州获得"山花奖"的第一人。

　　经过不断演变、创新和发展，龙门农民画用鲜艳的色彩记录着时代的变迁，带着人们对美好生活的向往与歌颂走出了龙门，也走向了世界。这些"野蛮生长"的民间色彩，还漂洋过海，去到美国、日本、瑞典、挪威、加拿大等国，收获了一批又一批海外粉丝。

　　王汉池等老一辈农民画艺术家用自己的画笔记录着这片土地的变迁。如今，年轻一代的画家们依旧以笔载梦，为龙门农民画探寻新的发展方向。一幅龙门农民画，一张广东文化名片。这片土地上璀璨的民俗文化也如同这一幅幅农民画一样，迈着向前的步伐，从未停歇。

曾小敏欣赏农民画艺术大师王汉池（右）创作龙门农民画。

①

① ②《客家山歌农民画组画》。

②

- 民间文化探寻者说 -

南都：在这趟探寻之旅中，令你感触最深的是什么？

　　曾小敏：东江流域的民俗文化遗产，不仅历史悠久，更是东江流域人民思想理念、传统美德和人文精神的反映和载体。有这样一次机会能够深入民间，去发掘、探索这些藏在民间的文化瑰宝，我觉得很幸运，这次旅程也给予了我许多灵感和动力。其中令我感触最深的是"岭南艺术奇葩"龙门农民画，很难想象这样出彩的艺术恰恰是从田间地头生长发芽出来的。虽然采用夸张独特的表现形式，但是龙门农民画承载的社会记忆，却是具体的、鲜活的、实在的。透过一幅幅各具特色的农民画，可以看到东江流域的居民对生活的热爱，更能够体会得到他们对自然和社会的思考及理解。龙门农民画不愧为岭南民间文化艺术的珍宝。

南都：客家凉帽编织技艺传承人陈瑾瑜女士数十年来始终坚持纯手工编织。作为粤剧艺术的传承人，你怎么看待传统艺术中的"守正"与"创新"？

曾小敏：传承人确实有不同的侧重——有人一门心思研究技艺、传承技艺，有人也许更注重非遗项目的传播和推广。在这次的旅途中，看到客家凉帽传承人陈瑾瑜女士对于凉帽编织手艺的坚守，这么多年一直坚持着纯手工制作，我感触很深。我觉得对于传承人来说，"守正"和"创新"本来就是一体的，要守住技艺的精髓，更要勇于探寻创新的方向。客家凉帽在时代变迁中求新求变，以不同的形态在世界各地闪耀光芒。我们粤剧也是一样，一直在传承中寻求突破，运用新的元素和形式，跨界融合，用全新粤剧舞台作品和高品质的粤剧电影，继续书写着她的绚丽篇章。传承的道路孤独却也光荣，我相信我们都会一直坚持下去。

千年绣色

▼ 民间文化探寻者
时尚博主黎贝卡

▼ 民间文化记录团
陈艺丹 黄薇 冯宙锋 黎湛均
张志韬 魏雄锋 张驰 杨杰

▼ 本章主笔
陈艺丹

粤式高定大"绣"之美

人类对美的追求从不止步，披肩，是一张不褪色的时尚名片。

广东省博物馆文物保管员易娜手中的这条大披肩藏品，名为"广绣鸟蝶菊花纹披肩"，这类披肩有个更通俗的洋名——马尼拉大披肩。

广州生产，马尼拉转销，再到西方，从马尼拉大披肩的"航海史"可以一窥粤绣的辉煌。粤绣是广绣和潮绣的总称，位列"中国名绣 F4"。

广东省博物馆的文物保管员正整理"马尼拉大披肩"。

广绣鸟蝶菊花纹披肩。广东省博物馆藏

民间文化探寻者黎贝卡走进博物馆，聆听粤绣从十三行出海的历史故事。

| "老广"就是这么"绣" |

百鸟朝凤、孔雀开屏、岭南荔枝、百花盛开……都是广绣具有代表性、富有美好寓意的纹样。

步入广州十三行博物馆，散发着浓厚岭南风味的广绣藏品令人目不暇接，或富贵吉祥，或生机盎然。

最为吸睛的要数清末广绣松鹤延年纹四屏屏风，彰显着广绣技艺之精湛。

仙鹤背部鳞片的施绣，将广绣的传统针法"起鳞霎彩"表现得淋漓尽致：勾针起鳞，霎针运彩。仙鹤头部采用的珠针、眼部的扭针、蝴蝶的勾针……广绣针法的多样和针路的严谨造就了这幅作品丰富的肌理。

从不同角度"细品"，你还会发现，这幅作品虽颜色淡雅但"跳动澎湃"，黑缎绣布及多色蚕丝线的组合搭配蕴含了"光影"和谐运用的奥妙。广东丝织业的发展为广绣的大放异彩提供了坚实的物质基础。

岭南四季如春的气候特点，也为广绣的创作提供了题材思路。花鸟虫鱼在氅衣、补子、扇子、挂屏等多样形式的作品中纤毫毕现，承载着"老广"的时代思想和文化气质，也表达着岭南人民对生活的美好期待。

那么，广绣缘何而起呢？

目前，关于广绣记载的最早文献见于唐代，据苏鹗所撰的《杜阳杂编》中

广绣黑缎花鸟图酸枝雕竹纹镶螺座插屏展现出一派春光明媚、生趣盎然的景象。广州十三行博物馆藏

广绣松鹤延年纹四屏屏风，其中的仙鹤和松柏寓意"松鹤延年"。广州十三行博物馆藏

记载，唐代广绣绣字名手卢眉娘（广东南海人）是目前所知我国历史上最早的民间绣字艺人。她能在一尺绢上绣 7 卷《法华经》，字的大小如粟粒一般，上面品题章句，点划分明，没有缺漏。从记述中，折射出唐代广绣技艺发展已十分精湛成熟，达到很高的水平。在唐代，广绣甚至成为贡品为皇家所赏识。

宋代，朝廷的舆服制度促进了纺织与刺绣业的发展，刺绣等"精工细作"进入寻常百姓家，女子衣物上的刺绣工艺更成为当时的时尚潮流。

南宋时中原大批百姓迁移岭南，不仅传播了刺绣技术，还逐渐孕育了具有岭南风格的刺绣技艺。

要说广绣发展的鼎盛期，则是明清时期。

乾隆二十二年（1757）至道光二十二年（1842），清政府在广州推行"一口通商"，规定西洋商人只可在广州贸易。

得益于地缘优势，广绣发展迅速，形成了以广州为中心的刺绣行业。广州街道上绣坊林立，订单络绎不绝，工人日夜赶织。

"五丝八丝广缎好，银钱堆满十三行。"屈大均笔下的广州十三行，一片富饶繁盛。中国扇子、屏风、披肩、挂画等，从广州十三行装载上船，踏上远洋之路，广绣行当也由此迎来"高光时刻"。

大量广绣工艺品出海西方，由于运输途中经菲律宾马尼拉港中转，"马尼拉大披肩"因此得名。

海外贸易公司还"来样订制"各式图案的绣品，广绣作品的风格和题材得到了极大丰富，成为世界时尚界的"秀场常客"。

在英国，伊丽莎白一世倡导成立英国刺绣同业公会，从中国进口丝绸、绒线，组织英国工人学习广绣针法，做成高档服饰品。

"中国给西方的礼物"，名不虚传。

｜ 潮绣还是这么"潮" ｜

同样是华美艳丽，同样是材料多样，同为粤绣菁华，潮绣和广绣在美学风格和实用场景上可谓是花开两朵，各表一枝。

在潮州，从牌坊街走到广济楼，听着老香黄和海石花的叫卖声，一幅声色俱全的潮州画卷便展现在眼前。潮汕人对生活的认真不仅藏在精细的美食里，更将仪式感融进每个节日场景。

如果说游神赛会是潮汕民间风情的一出大戏，那么这些潮绣作品就是其基本的舞台布景。

走进杨坚平非遗传统工艺博物馆，这里的 3000 多件藏品，涵盖了潮州八大工艺门类的 30 多个品种，每件作品都"潮味"十足。

不同于有外销需求的广绣，潮绣更多呈现出质朴、粗犷、富有生气的民间风格。贺帐、椅披等生活用品中，"密密、满满、通通"是潮绣的创作风格，构图既紧密又互不重叠，整体感觉丰满而不松散，画面上富有虚实、疏密的变化和节奏感。

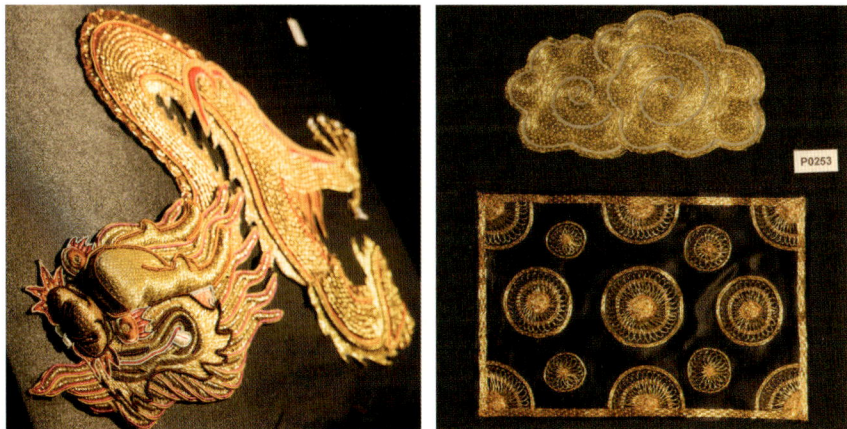

杨坚平非遗传统工艺博物馆展示的潮绣纹样及针法。

杨坚平非遗传统工艺博物馆里展示的潮绣物件。

杨坚平非遗传统工艺博物馆创办人杨坚平是中国非遗保护协会刺绣委员会主任，2005年"中国工艺美术终身成就奖"获得者，从事潮绣、木雕设计与理论研究70余年。

　　敢想敢做的潮州人在刺绣工艺上也不拘一格，马的尾巴毛、棉花、麻布、蚕丝、人造丝线、金线、珠子，甚至是人的头发都可拿来入绣。

　　康惠芳工作室的九龙屏风，蓝黄配色大气艳丽，九条龙腾空飞舞，龙眼下垫的就是棉绒。

　　金银线垫绣是用较粗的丝棉线或棉絮垫至一定的高度再施绣。这种垫高绣法，是潮绣工艺区别于其他绣种技法的独特之处，与潮绣早期的用途有关。当地寺观庙堂幡帐多用潮绣，将主要部位垫高是为了使幡帐给朝拜者以更强烈的视觉冲击。

　　大到厅堂幔帐、彩眉寿幛、幢幡宝盖，小到床裙椅披、枕套扇袋、香包绣鞋，潮绣活在每一座庙宇里，活在每一户潮汕人家的烟火气里。

康惠芳是国家级非物质文化遗产代表性项目粤绣（潮绣）代表性传承人，她身后的九龙屏风是潮绣的代表性作品。

在针线下垫棉绒是潮绣绣娘的"绝技"。

｜ 习艺、守艺、传艺 ｜

如果说针线技法是粤绣的筋骨，那执针的人则是粤绣的灵魂。

穿针、引线、捻纸、下针，70 余岁的康惠芳用一根根金银线勾勒出她的潮绣轨迹。师承潮绣名家林琬英，康惠芳 15 岁拜师，33 岁考入潮州市刺绣研究所。60 余年的潮绣历程，她见证了潮汕地区的变迁和发展，也实现了自己艺术上的成长和突破。

不满足于传统的平面刺绣，康惠芳创造性地发明了"立体双面垫高绣法"，让潮绣具有了浮雕般的效果。

黎贝卡身着潮绣工艺裙，身后是康惠芳的潮绣作品《一桥一楼一街》。

康惠芳创作的盘龙图，垫高绣法和金银线使作品感染力更强。

针线，是她最忠实的伙伴；技艺，是她最自豪的名片。"刺绣是一门艺术，需要用心去感受、去表达。没有对刺绣的热爱和执着，没有对美的追求和坚持，是无法成就一件精品的。"康惠芳说。

盘龙怒目圆睁，鳞片微微泛着金光，龙须游弋灵动，康惠芳的盘龙金绣不仅使用了丝线，还有棉绒、纸卷，在手指翻转、针尖倾诉间，一幅盘龙图案便呼之欲出。

目前，康惠芳已经培养了300多名优秀的绣娘，她在绣架前感慨，要想真正掌握潮绣的精髓，需要一颗沉静而敏锐的心。

　　儿时坐在母亲对面看刺绣的小女孩，如今也成为坐在绣架前的广绣传人。

　　1993年，梁晓曼出生于番禺北亭村的广绣世家，是最年轻一代的广绣传承人。她的家族史可追溯到1838年。

　　清末广绣兴盛，彼时北亭村几乎"家家有绣架，户户有绣娘"。而至晓曼，已是第六代广绣传承人。

　　五六岁开始，晓曼跟着母亲学习广绣，每日坐在绣架前和针线打交道，练习"针尖上的芭蕾"。

　　在这位新生代传人看来，广绣不仅是一份生计，更是对家族传承的责任与担当。

　　受岭南画派影响，广绣创作常以画入绣，荔枝、红棉、牡丹等图案较为常见。中学时的晓曼已熟练掌握广绣传统题材的绣制工艺，花鸟果物在她的指尖栩栩如生。

康惠芳工作室的"绣娘"们，正埋头刺绣。

90后梁晓曼是广绣家族的第六代传承人。

梁晓曼在小鸟的背部呈现广绣传统的"起鳞霎彩"针法。

一针一线，一果一核，这位年轻的广绣行家飞针走线毫不含糊，岭南常见的荔枝，也在绣布上有凹凸感地呈现。

梁晓曼的荔枝作品半成品，荔枝的质感已生动可见。

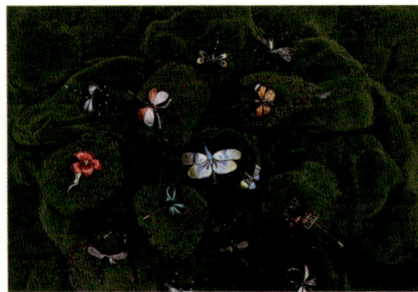

梁晓曼制作的广绣饰品。

如今，代代相传的成熟技法，与新生代的"盏鬼"点子碰撞，会产生怎样的火花？

汽车内饰、家居、动漫、汉服……晓曼在"守艺"的同时也做了多元跨界尝试，让六代薪火相传的匠心手艺不断迸发新鲜感。

习艺、守艺、传艺，粤绣传人与美作伴，技艺传承自有作品回答。

温暖、热闹、欢乐，是岭南民间工艺作品的"氛围感"，粤绣作品丰富而不俗气。

这片土地从古至今都是对外交流的窗口，古今粤绣得以持续出海，闻名世界。

不断变化着的，是粤绣的锐意创新。不变的，是代代匠人的坚守，是大湾区人文血脉相连、紧紧相依的归属感。

千年粤绣，在针线中串联起古今人对"美"的理解，商业交流在此碰撞，融汇中西审美趣味。金丝绒线中，它技法超群，所描绘的风土万物，既是岭南，也是东方。

参考文献：

杨坚平、陈志民：《广东十大民间工艺·粤绣》，岭南美术出版社 2020 年版。

白芳：《明清时期的广绣外销艺术品》，《福建文博》2014 年第 4 期。

胡继芳：《广绣的艺术风格及其与西方艺术的相互影响》，《丝绸》2009 年第 8 期。

王斌：《广绣和潮绣发展现状的比较研究与思考》，《美与时代（上）》2015 年第 5 期。

张晓斌、郑君雷：《广东海上丝绸之路史迹的类型及其文化遗产价值》，《文化遗产》2019 年第 3 期。

胡杰：《潮绣与广绣特点之比较》，《芒种》2012 年第 21 期。

蓝海红：《广绣的历史发展与文化特质》，《岭南文史》2018 年第 2 期。

- 民间文化探寻者说 -

南都：此次探宝觅踪之旅，什么最打动你？

　　黎贝卡：我印象很深的是去参观潮绣绣娘康惠芳老师的工作室，听她一件件如数家珍般介绍潮绣作品，看她满脸都是自豪和骄傲，真切感受到了她对潮绣的热爱与匠心。康老师把一辈子的热情和心血都投入到了这份事业里，每一幅作品、一针一线都倾注了她的情感，非常有感染力。

南都：作为时尚博主，可以揭秘一下本次拍摄你的粤绣"时尚密码"吗？

黎贝卡：这次拍摄制作组为我准备了几件粤绣单品，我在现场看到实物的时候直接就被"种草"了。

我还穿了一条潮绣工艺的裙子，出自一个以中华文化为内核的年轻品牌。这条裙子的面料是龟纹香云纱，上面喜鹊彩蝶的纹样是由潮绣绣娘手工绣的，非遗香云纱与潮绣完美结合在了这条裙子上。穿着这条裙子去拜访潮绣名家，对我来说也意义非凡。

这几年国风穿搭越来越受欢迎，如果第一次尝试，我还蛮推荐像耳环、胸针这种点睛又不会很夸张的配饰，足够特别，日常佩戴也很好驾驭，而且不容易撞款。

南都：在国际时尚界，有哪些你所知的粤绣潮流风尚？

黎贝卡：中国风其实一直是时装设计师们很喜欢的元素和设计灵感来源，这几年中国设计师们也越来越受欢迎和认可，像王陈彩霞、劳伦斯·许、熊英等设计师都把中国风运用得高级又精巧，粤绣作为中国风代表元素之一，也经常被用在服饰上。

- 民间文化探寻者
  广州美术学院教授、『冰墩墩』设计团队负责人曹雪

- 民间文化记录团
  吴佳琳 钟欣 黎湛均 钟锐钧 伊凯文 陈杰豪

- 本章主笔
  钟欣

精雕细琢

匠心独运的"指尖魔法"

　　清代末年某日，夜幕降临，华灯初上，潮州城中的夜市一如往常熙攘。一位渔夫挑着满载的渔获，匆忙赶往出摊。在灯火的映照下，竹篓中的螃蟹露出笨拙挥动的钳爪，憨态可掬。

　　这平凡而又生动的一幕，恰巧被路过的木雕艺人黄开贤捕捉。他灵感顿生，遂将螃蟹买回家中，仔细观察其爬行神态，欲用自己擅长的木雕技艺，定格那晚转瞬即逝的生机灵动。

　　然而，足肢大张的螃蟹，四散攀附于镂空的竹篓之上，由此交错而成的立体空间之复杂，还是难倒了时人尊称"木雕状元"的黄开贤。雕除的木屑与报废的木头渐积如山，这位"状元"似乎给自己出了一道无解的难题。

　　历尽艰辛钻研和无数次失败后，黄开贤自创出一种名为"毛尾"的雕刀，最终突破了多层镂通的技术难点，打造出"半畔蟹篓"梁托，装饰于潮州青龙古庙。这一堪称潮州木雕技艺的里程碑之作，技惊全城，轰动一时。

　　夜色中的蟹篓给予黄开贤刹那灵感的故事已成传说，但由他开创，并历经迭代创新发展而成的鱼虾蟹篓，如今已是潮州木雕的代表性题材，更彰显着岭南民间雕刻艺术的高超技法。

在岭南这片热土上，无数民间匠人妙心巧手，以木、石、玉、砖、泥等材质为舞台，在一雕一塑间匠心独运，施展"指尖魔法"，赋予静物以灵动的形态。这些工艺与器物，浸润于岭南的乡风民俗，描绘生活的肌理，承载美好的祈盼，亦埋藏着解读岭南民间文化的密码。

岭南雕塑如何与这片土地相伴相生？我们一同探寻。

｜ 陈家祠：岭南雕塑工艺的宝藏 ｜

漫步在广州陈家祠，宛如穿行于岭南雕塑工艺的观景长廊。

这座落成于 130 年前的历史建筑，是清代广东各县陈氏宗族合资捐建的合族祠，当年为陈氏宗族子弟在广州城中提供临时荫庇，象征雄厚的宗族实力，亦映照出岭南浓厚的宗族文化。如今敞开大门，向世人展示其集岭南雕塑工艺之大成的丰厚宝藏。

从庭院到厅堂，从廊庑到厢房，从瓦脊到柱梁，举目之处，木雕、砖雕、石雕、陶塑、灰塑等装饰在建筑内外争奇斗巧，形神毕肖，令人目不暇给。

其中最具代表性的，是 11 条高置于屋顶之上的陶塑脊饰，出自广东佛山石湾的陶塑艺人之手。每条脊饰以粤剧故事为主要题材，场景、人物形态各异，成百上千座陶塑群像波澜起伏，连绵而成一方恢弘壮丽的"高空戏台"。

室外景象万千，室内亦是琳琅满目。木雕遍布陈家祠的室内装饰及陈设，其中，聚贤堂的 12 扇大型木雕屏风尤为瞩目，以"之"字形构图串联起从商周至宋代的历史故事与民间传说，刀工精巧，栩栩如生。

陈家祠兴建的晚清时期，广州成为西风东渐的前沿阵地。在这方岭南传统建筑空间中，带有翅膀的小天使砖雕、比着剪刀手的太阳神灰塑、罗马数字钟木雕

陈家祠内砖雕《梁山聚义》，故事取材自《水浒传》。

陈家祠屋脊上的陶塑、灰塑作品。

等中西合璧的装饰散落点缀，皆是中国传统工艺与西方元素巧妙融合的匠心创意，闪动着岭南文化开放包容的精神特质。

郭沫若曾赋诗赞美陈家祠："天工人可代，人工天不知。果然造世界，胜读十年书。"

巧夺天工的岭南雕塑工艺，在此处荟萃一堂，穿越百年时光仍然熠熠生辉。

陈家祠屋脊上的灰塑作品，上部分为《独占鳌头》。下部分为《桃园结义》，故事取材自《三国演义》。

| 石湾瓦，甲天下 |

从陈家祠屋瓦上"好戏连台"的陶塑脊饰西望，更悠久广阔的"戏场"在佛山石湾铺展开来。

新石器时期贝丘遗址出土的印纹陶片，揭开石湾 5000 年制陶历史的序幕。经过宋代仿制吸收"五大名窑"之大成，石湾陶塑在明清时期趋于鼎盛。清代《广东新语》便有记载："南海之石湾善陶，凡广州陶器皆出石湾"；"石湾之陶遍二广，旁及海外之国"。

依凭水陆畅达的交通条件和繁荣的商贸往来，石湾陶塑沿着海上丝绸之路，远销日本、东南亚、阿拉伯半岛及非洲。东南亚诸多庙宇寺院的屋檐上，至今仍完整保留石湾制造的陶塑瓦脊，石湾陶塑制品如今亦保存于英国、德国等多国博物馆。

不同于皇家官窑的典雅华贵，石湾民窑出品的陶塑，大多刻画岭南民间渔樵耕读的生活场景，老百姓熟悉的佛道仙人、戏曲故事与日常事物亦逐一登场。石湾陶塑尤以人物题材远播声名，因此又被岭南人民亲切地称为"石湾公仔"。

同庆石湾公仔博物馆内，可见十八罗汉或静坐沉思，或欢喜大笑，样貌与性格鲜明各异。20 世纪 90 年代，同款组塑由广东省政府赠予泰国淡浮院珍藏；一盆盆陶塑荔枝娇艳饱满，果口微张，露出莹润透亮的果肉，似已闻到丰收季节的瓜果飘香；一条微缩的通济桥，再现每年正月十六，佛山人民举风车、提灯笼"行通济"的习俗。

风格豪放潇洒，写实与夸张拿捏得宜，生长自民间的石湾陶塑，自带属于市井街巷的人间烟火气，被称为"一部浓缩的中国民俗文化百科全书"，亦赢得"石湾瓦，甲天下"的美誉。

同庆石湾公仔博物馆内以荔枝为题材的石湾陶塑。

同庆石湾公仔博物馆内的石湾陶塑作品，采用石湾传统的石榴红釉。

同庆石湾公仔博物馆内，微缩的石湾陶塑作品再现"行通济"的习俗。

｜ 大吴泥塑的意趣 ｜

泥与火交融的艺术，淬炼出岭南雕塑的又一代表——大吴泥塑。

大吴泥塑因诞生地潮州大吴得名，它与天津"泥人张"、无锡"惠山泥人"并称为中国三大泥塑。

大吴泥塑的历史，可上溯至南宋时期。起初是先人为躲避中原战乱，迁居此处后贴补生活的手段，经过数百年的世代传承，在清末民初时期达到鼎盛。在元宵庙会、游神赛会、婚嫁生子等重要场合，大吴泥塑均是潮州百姓的"座上宾"。彼时，泥塑作坊遍及全村，几乎"家家有作坊，人人会泥塑"，旺盛的窑炉催生袅袅白烟，与日暮晚霞相映成辉。

每逢年节，商贾云集，大吴泥塑制品热销四方，还跟随岭南华侨的足迹，远至东南亚各国。我国台湾地区的吉特利美术馆，珍藏了这一时期的大吴泥塑人偶作品 300 余件。

如今走进潮州潮安的大吴村，昔日热火朝天的景象再难寻觅，但从本次探寻的大吴泥塑博物馆当中，仍可一窥当年的繁荣景象，以及当代艺人对这门古老手艺的坚守与传承。

这座博物馆展品多以民间故事、神话传说、潮剧、古典小说的故事场景为题材，当中人物的服饰精致，但整体线条轻盈流畅，丝毫不显泥土的厚重，这便是贴塑技艺"压泥成片，褶片成衣"的魅力所在，也是大吴泥塑区别于其他雕塑工艺的最大特点：使用碾压极致的薄泥片，为人物层层"穿戴"衣袍冠履，营造出飘逸灵动的服饰质感。

大吴泥塑作品，一幕幕戏剧场面高潮迭起，妙趣横生，充满朴拙动人的乡土意趣，诉说着岭南人对乡土的眷恋。

大吴泥塑博物馆馆长潘幼芬（左）与、民间文化探寻者曹雪一起制作大吴泥塑。

大吴泥塑博物馆馆长潘幼芬展示大吴泥塑的制作技巧。

大吴泥塑博物馆内的大吴泥塑作品多以民间故事、神话传说、潮剧、古典小说的故事场景为题材。

大吴泥塑博物馆馆长潘幼芬展示大吴泥塑的制作技巧。

辜柳希木雕精品馆。

｜ 辜柳希木雕构筑的大千世界 ｜

步入潮州城中的这座辜柳希木雕精品馆，木雕构筑的大千世界引人入胜。当中最令人瞩目的作品之一，是高达两米半的《步步高》。百年前那只具有开创性意义的"半畔蟹篓"，如今已进化为眼前金碧辉煌、气势恢弘、四面皆可观赏的八层立体龙虾蟹篓。

只见8只竹篓错落层叠，呈"步步高"之势，丰腴的龙虾与螃蟹或横卧或倒挂，或与水藻、绳结缠绕，还有的正栖息篓中张牙舞爪。整件作品浑然一体，疏密有致，繁而不乱。

辜柳希木雕精
品馆内的大型
金漆木雕作品
《步步高》。

①②③辜柳希木雕精品馆内的木雕作品。

从潮州金漆木雕对龙虾蟹篓题材的情有独钟，可以一窥岭南海产之丰饶，它是沿海渔民开拓进取的精神符号，亦寄托着岭南百姓对丰衣足食的美好祈愿。

潮州金漆木雕以独特的多层镂空和髹漆贴金技艺，营造出富贵华美、鎏金溢彩的视觉效果。清末民初，随着华侨返乡修祠建屋之风盛行，从建筑装饰、家具陈设到礼祭器具，潮州金漆木雕处处"大显身手"，不仅成为宗族实力的体现，还将自身技艺发展推向登峰造极之境。

如今在潮州，民间木雕师仍在接力创新，精品迭出。木雕作品远渡重洋，在新加坡、马来西亚、泰国等地的寺庙落脚。来自潮州木雕大师的佛像作品，向世界展示着岭南木雕艺术的奥妙。

岭南雕塑，以材质多样、题材广泛、精细刻工著称。木、砖、石、陶、泥、灰、牙、玉、榄核、缅茄等材质各具质感，历史故事、民间传说、戏曲小说、山水园林、鸟兽鱼虫、花卉果木等题材包罗民间万象，精湛的技艺既能写实之繁复，又有写意之简练。当西风东渐时，岭南雕塑还在坚守传统工艺的基础上，吸收外来艺术的精髓，在发展中求变创新。

③辜柳希木雕精品馆内，中国工艺美术大师辜柳希展示木雕技艺。

方寸之间见天地，细微之处有乾坤。千百年来，岭南这片沃土滋养了一代又一代雕塑艺人，他们以大自然馈赠的原料为材，以非凡技艺与匠心为魂，螺蛳壳里做道场，将岭南人文图景一一浓缩、定格；经岁月积淀的指尖艺术，本身亦成为这幅人文图景中不可或缺的组成部分，反哺这片沃土。

岭南雕塑，在薪火相传中绵延至今，见证过东西文明的交流融合，承载过岭南文化的海外传播。如今，沿着这条连通今昔与中外的组带，在匠人们守正创新的共同追求下，岭南雕塑正刻画下向往的未来。

南都：此次探宝觅踪之旅，有哪件让您印象深刻的展品？

　　曹雪：在探访大吴泥塑博物馆时，我对一套清代的铁枝木偶人物脸谱很感兴趣。它们的表情形态被当时的手工艺人刻画得入木三分。很多大吴泥塑的作品反映了当时人们的一种生活状态，它们非常有烟火气、乡土气。我相信跟作品创作者同龄的那些人，可能看到后会会心一笑。因为有时候观众喜欢看他熟悉的元素，所以我们讲老百姓喜闻乐见的那些作品，多半都是反映他们的心声或者状态。

南都：此次探宝觅踪之旅和民间工艺师的交流中，有没有让您难忘的细节？

　　曹雪：与国家级非物质文化遗产（潮州木雕）代表性传承人辜柳希的交谈中，让我惊讶的更多是他的手头功夫。潮州木雕的作品很多是里三层外三层的，草图不好画。我们学画的人可能先要草图轮廓，然后慢慢抠细节，但辜老师没有草稿，他雕出来就是正稿，在整个雕刻的过程中逐渐由粗到细。手艺人一代又一代地将这种技艺传承，这个特别值得肯定，也是很了不起的。

南都：您觉得岭南文化中的传统工艺能为新生代的设计师带来哪些灵感和创造力？

　　曹雪：这么多年来，我看到我们广美设计学院的学生做毕业设计时，他们会自发地想到传统的东西。我一直讲中国设计师要真正地读懂中国，要理清我们血脉里面流淌着的文化逻辑，而不是堆砌元素。岭南文化中的各种手工艺，各种非物质文化遗产都是息息相关的。设计不能是元素思维，而应该是系统思维。

南都：您觉得应该怎样做，岭南雕塑工艺才能更有活力？

　　曹雪：我个人觉得，要发展非遗，就要从消费者和受众的角度来考虑问题。在电影《侏罗纪公园》中有一句台词："生命总能找到出路。"文化是生长出来的，不是打造出来的。大吴泥塑也好，潮州金漆木雕也好，这些岭南雕塑工艺是在这片土地上生长出来的艺术品。也许随着一代又一代人渐渐故去以后，岭南雕塑工艺中的传统主题被接纳或者受欢迎的程度会越来越低。但我相信这些非遗自然会找到新的形式、新的主题、新的语言。这些作品是否会被放到博物馆，是由观众决定的；是否会放在市场中作为销售品，是由消费者决定的。艺术品本身要契合时代的需求，非遗传承人们要找到最适合于那个时代的方式，去创造他们的精品。每个时代有每个时代的精品。

▼ 民间文化探寻者
中国香港嘻哈组合农夫 FAMA

▼ 民间文化记录团
杨杰 黄薇 张志韬 张驰 魏雄锋
徐杰 陈艺丹 伊凯文

▼ 本章主笔
陈伟斌

岁月之酿

干杯举箸中的岭南酒香

　　千百年来，中华酒文化博大精深，一杯杯琼浆玉露引得陶渊明、李白、杜甫和苏轼等一众诗人诗兴大发，挥笔写下一篇又一篇的千古绝句。正所谓"千杯岁月之酿存于广府民间，万盏陈年酒香品于宴席之上"，岭南有好酒，里面飘的都是故事。

客家糯米酒传统酿造技艺传承人肖丽梅（左）在酿酒房中查看客家娘酒。

肖丽梅在娘酒研究室。

　　佛山的岭南酒文化博物馆的玻璃门内，好几排"活文物"整齐地摆放在木架上。这些产自佛山石湾的酿酒埕，从清朝沿用至今，不仅酝酿出了一埕又一埕的好酒，也记载了岭南好酒的悠久历史。

| 一坛客家娘酒串起乡情 |

　　客家糯米酒又名客家娘酒，酿造的地域主要集中在梅州、河源一带。因其主要由客家妇女酿制，故而得名。而客家娘酒就像是客家人储存在酒液里的密码，无论到哪里，只要有客家人，就有客家娘酒。

岭南酒文化博物馆内的酒埕。

我国的酿酒技术最早在中原发端，客家人作为南迁的"中原遗民"，较早掌握了酿酒技术。若要考究客家娘酒的历史，即便从"客家"这一称谓出现的晋代开始算起，距今也有千余年的时间，可见客家娘酒的传承之久。而客家糯米酒传统酿造技艺于2012年被广东省政府列入省级非物质文化遗产名录。

肖丽梅于2012年获得了广东省级非物质文化遗产项目"客家糯米酒传统酿造技艺"传承人称号。在创办酒厂之后，她组建技术团队，对客家糯米酒标准化生产工艺、防酸技术、降糖技术以及酿酒原料——糯稻的品种培育和提纯等方面开展了一系列的研究。

做好一坛客家娘酒，就像做客家酿豆腐一样，即使经验再丰富的人也不敢自称"老师傅"。酿制娘酒的工艺费时又费力，在酿制过程中还有很多不确定的因素，稍有不慎就会把酒错酿为醋。且各个人做出来的味道，在口感上都会有些许的差别，酒精度数也不尽相同。

酿酒的时节往往都在入冬后，每到了冬季农闲季节，客家妇女们就开始准备原料进行酿造。其制作过程并不简单，需要经过选米、洗米、浸米、蒸米、摊饭、拌曲、发酵、取酒、酵藏、炙酒等十余道工艺和几周时间，才能酿造完成。

最后的炙酒，是最有客家特色的娘酒酿造工艺。炙酒就是将装着娘酒的酒瓮放在用秸秆、谷壳和木屑等堆砌成的燃料上进行火焙，文火慢煨。等酒瓮冷却后，就可以密封好待随时饮用，一坛正宗的客家娘酒就酿好了。

在炙酒房里将装有娘酒的酒瓮进行火焙。

往摊凉的糯米饭中拌酒曲。

　　酿好的娘酒会在喜庆节日和重要日子被取出，其中重要的一个用途，是给生完孩子后的产妇补充营养，感谢其为家庭的付出，表达亲人之间的爱意。

　　客家人招待客人时，餐桌上少不了自家酿的老酒。客家人的礼仪中，娘酒充当着重要角色，举凡添丁升学、婚庆寿诞、晋级乔迁、逢年过节乃至迎来送往、交朋结友，都离不开娘酒。小孩出生后喝的"周岁酒"、新娘上喜轿前喝的"暖

轿酒"、老人寿辰喝的"做寿酒",用的都是娘酒。春节时期,更是家家户户都会烫上一壶娘酒。

客家地区独特的自然地理环境,以及客家人包容开放、热情好客的秉性,促成了酿造娘酒风气的形成和兴盛,亦由此积淀了丰厚的客家酒文化。在客家人的日常生活中,娘酒又扮演着十分重要的角色,已然成了连接客情、亲情的纽带,成了吉祥的象征物。

｜ 一碗玉冰烧飘香南洋 ｜

"斩料，斩料，斩大旧叉烧。"20 世纪 80 年代，"霑叔"黄霑为玉冰烧酒写过一首经典的广告歌。广告里，"放工"后的香港工人直奔烧腊店，美味烧腊配上一瓶玉冰烧，足以袒露出广府人家对美酒与佳肴的渴望。作为豉香白酒的代表，"肥肉浸酒"的玉冰烧是广东人饭桌上的偏爱。

佛山祖庙旁的酒行会馆，始建于清代嘉庆年间，是当时酒业同行聚会、商议重要事项的不二之地。酒行会馆的大门后，比人还高的木架上放满了一墙的陶质酒缸埕，这都是酝酿好酒的必备器皿。

民间文化探寻者农夫 FAMA 走进佛山酒行会馆。

石湾玉冰烧酒酿制技艺传承人梁思宇用碗装起白酒。

广东有好酒，也有悠久的酿酒历史。根据史料，佛山石湾在540年前已有酿酒工艺的记载。明清时期，随着佛山古镇的经济崛起，当地的酿酒业迅速发展。

石湾地处广东中南部，亚热带季风性湿润气候，为米酒酒曲培育、发酵提供了优越条件。当时的石湾还有着"南国陶都"的美誉，也带来了"石湾瓦、甲天下"的传说，玉冰烧的核心秘密，就藏在这种本地制的陶罐之中。

与此同时，数十万陶工在石湾谋生，陶工整天生活在闷热潮湿的环境中，而石湾米酒作为入口香醇的低度米酒，且具有活血、祛湿等功效，所以受广大劳动人民喜爱，成为其生活必需品。

佛山石湾的东平河边，有一座岭南酒文化博物馆，里面藏着不少岭南好酒的故事。博物馆三楼的手工酿酒区酒香四溢，我们在这里见到了国家一级酿酒师、国家一级品酒师、石湾玉冰烧酒酿制技艺传承人梁思宇。一说起玉冰烧酒，梁老师如数家珍。据他介绍，广东佛山的玉冰烧酒，属于中国白酒十二大香型之一的豉香型白酒。

陈太吉酒庄第三代传人陈如岳，受到乡亲们常用米酒浸泡蛇、药材的启发，结合自身利用酒糟养猪的便利条件，尝试采用了"肥肉浸泡"的陈酿工艺。

经过一段时间的试验，陈如岳发现肥猪肉能吸附杂质，泡在酒中能与酒液融合形成独特豉味浓郁的酒香，且酒液清澈，酒味醇绵柔和，酒体丰满，顺喉多了。

肥肉浸酒。

　　丰收的谷物遇上泛白的肥肉，伴以蒸煮、发酵、蒸馏、沉淀等工艺，一埕玉洁冰清、豉香独特的玉冰烧酒方可酿成。这些肥肉在陶罐中浸润时间长达5年，蓬松的脂肪结构能够吸收米酒中的异味，色泽也从白色变成了金黄色。

　　因猪肉就像一块泡在酒中晶莹剔透的"冰块"，且当时民众爱称米酒为"烧酒"，故将其命名为"肉冰烧"。后因"肉"字不够雅致，取谐音"玉"，寓意米酒冰清玉洁。自1895年"玉冰烧"推出市场后，深得八方乡里的喜爱，每当喜事来临之时，一埕石湾玉冰烧自然成了上佳的贺礼。

　　在20世纪70至80年代，广东玉冰烧年均出口在1万吨左右，受众遍布港澳地区、东南亚和大洋彼岸的美国。正是玉冰烧独特的口感，打响了广东米酒对外出口的口碑。

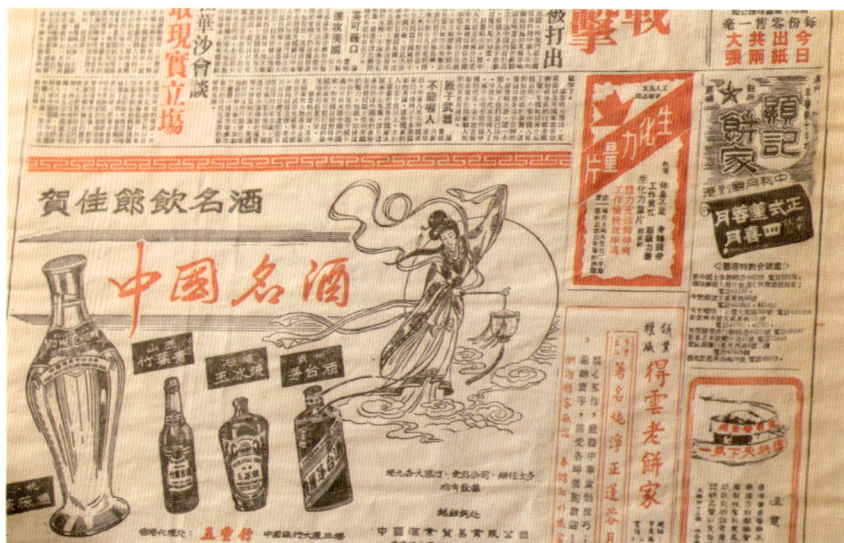

1958年9月《香港商报》，刊登的广告"中国名酒"玉冰烧。

| 一杯创新白酒延续风味 |

　　酒香不怕巷子深，但好酒也怕受众少。讲起传统的广东白酒，有人会说，它们只是中老年人的心头好，或是亲朋好友聚餐时的佐餐酒。但时至今日，已经有不少新派调酒师通过创意调酒等方式，把广东白酒融入年轻人的"小酌时刻"中。

　　何柏谦是佛山一家酒馆的调酒师，他创新地推出了以玉冰烧为基酒的鸡尾酒。以往在酒馆调酒，他更多用来自外国的酒做基酒，而使用玉冰烧则属一次大胆尝试。阿谦还给它取了个名字——云游石湾。

　　这杯酒除了使用玉冰烧作为基酒之外，还搭配了桂花糖和柠檬汁，整体口感轻柔顺滑、风味酸甜易入口，又保留了玉冰烧独特的口味。阿谦希望顾客在品尝这杯酒的时候，能够感受到石湾当地的独特风情，仿佛快乐地飘浮在云端。

调酒师何柏谦（右）在吧台前调酒。

在可以预见的将来，岭南本土的烧酒或者米酒会更多出现在阿谦的酒单中。正如他所说的，他创作的初衷是想让更多年轻人品尝和接纳本地的特色米酒，也想让更多年长一辈的朋友，品尝到新式的"粤味调酒"。

　　"干杯"是广府人对杯中之酒的致敬，杯中之酒，则是对同桌亲友的祝福。

　　广东人会吃，也会喝。酒里飘的，都是岭南的味道。从客家围屋中走出的客家娘酒，到南番顺地区远销海外的米酒，再到新式的啤酒和调酒，岭南的酒文化一直在跟随时代变迁、发展。岭南之酒，从古至今都承载着南粤大地上的文化传承。

農夫 FAMA 在吧台前品尝"云游石湾"。

南都：拍摄过程中你们印象最深的是什么？

　　农夫FAMA：在体验玉冰烧的制作时我们觉得非常有趣，在拍摄中我们了解了蒸饭、加入酒曲、发酵这些制酒工序，是非常新鲜的体验，特别是玉冰烧是用肥肉酿制，这和其他地方的酒很不一样，也很新奇。除了酿造技艺，广东人对酒还有独特的饮用方式，在很多人生的重要场合都会喝酒，也会将酒融入菜里。

南都：岭南的酒有着浓厚的地域特色，在历史上也曾走向世界，对于岭南酒的发展你们有什么期待？

　　农夫 FAMA：岭南酒的地域特色确实非常独特鲜明，我们认为一种有强烈地域性的文化想走向更广阔的市场，是要找到它的独特性和大众能接受的那个结合点。让更多人了解玉冰烧、娘酒这些岭南的酒，一个是需要文化传播，需要更多的人来研究，另一个是扩大市场的销售，更多的人能喝到岭南的酒，两者都很重要。

▼ 民间文化探寻者
　奥运冠军、跳水大满贯历史第一人谢思埸

▼ 民间文化记录团
　陈成校 林耀华 刘益帆 黎湛均

▼ 本章主笔
　陈成校

府药膳

流传千年的"饮食宝典"

时光倒回遥远的东晋。

公元303年，一位"才堪国史"的21岁青年乘马驰骋，英姿勃发。建功立业的壮迈豪气驱使着他和身旁的千军万马迅速穿越五岭的瘴气与密林，追随着吴兴太守顾秘、周玘等人，讨伐石冰叛乱。南下的金戈铁马声声震颤着枝叶，没人想到，青年在战场上厮杀的热血沿着臂膀滴溅到山石边无名的药草上，带着葛洪的名字根植在这片岭南大地。千年之后，一株株青幼的山间草药，生长出一页页灿若星河的岭南医药史。

| 《肘后备急方》与药膳保健 |

沿着形有八角、四周有青石砌边的水池踱步行走，倏尔自现一条阶梯小径，可下至青绿幽碧的荷花池边。尽管相距甚远，但你极目远眺，依旧隐约可见冲虚、黄龙等古观的素朴古雅。这里是罗浮山风景区的洗药池，相传是葛洪和妻子鲍姑洗药之处，它和稚川丹灶、遗履轩、双燕亭等建筑仿佛让人回到两千年前的岭南，得以窥见这位"岭南医药之祖""凉茶始祖"的仙风道骨。

罗浮山风景区的洗药池。

年轻时的葛洪以知儒学闻于世，在晋元帝时期更因平贼有功获封关内侯。祖上的道学渊源始终流淌于他内心，信道向仙的志趣牵引葛洪放弃世俗功名，决定举家迁往岭南，憩居罗浮山。

修道者大半通医术。葛洪的修道活动，与其行医救疾、撰写医书等医学活动密不可分。岭南气候湿热，百姓病症多见暑热湿邪，葛洪将其满腹的中原医学理论方法体系和本地民间经验相结合，挑灯编纂，写就了泽被后世的医书《肘后备急方》。书中"青蒿一握，以水二升渍，绞取汁，尽服之"的描述，让当代药学家屠呦呦认识到青蒿素对疟疾的神奇作用，拯救了无数生命，成为"古时明月照今人"的绝佳案例。

葛洪博物馆门前的葛洪雕像。

　　罗浮山葛洪博物馆的雕塑、画像、宝器、建筑乃至 4D 电影，将他在历史长河的一瞬撷取出来供人瞻仰，但最能承载他超越时代的创新思想和实践精神的，还是玻璃墙后静于一隅的清刻本——《肘后备急方》。该医书急老百姓之所急，论述了岭南常见传染病、虫毒伤及内、外、妇、儿、五官科病症的防治，尤其对疟疾、结核、麻风等疫病提出了养生预防的方法，并在诊疗中注重对道地药草的运用。

　　斑驳的黄页难以掩盖这本医书的光芒，岁月风化令其愈加熠熠生辉。当地百姓依照此书，逐渐把药性、食性相糅合，"药食同源"的中医思想渗透进岭南饮食里，如今广府药膳里不可或缺的老火汤和凉茶，也即将在历史演变中徐徐登上岭南大地。

| "跨界"饮食圈的本草 |

位于白云山下的广州神农草堂中医药博物馆,空气里、廊道间盈溢着缕缕药材馨香。慕名而来的游人,都是为了见识平日耳熟能详的药材真容而特意到此一览芳踪。

进入广州神农草堂中医药博物馆内的中华医药园,可见浮于青砖石板之上的河图洛书和阴阳八卦图,更吸引人的是满园香气各异的1300多种药草:广藿香、春砂仁、广陈皮、肉桂、化橘红、巴戟天、佛手柑、何首乌、五指毛桃、沉香、益智仁、高良姜……一味味被称为"广药"的广东本地药材,它们的一枝一叶,皆有治病保健的医学妙用。

岭南的养生发展脉络大致可分为几个时期:从2000多年前《黄帝内经》至西汉为萌芽期;以晋朝葛洪等医家为代表,逐步构筑起适宜当地特色的养生及治疗医学时期则是奠基期;及至隋唐五代和宋元时期,岭南养生进入了快速发展期;明清以来,名医辈出,学派复杂,标志着成熟期的来临。

唐宋以来,由中原地区经粤北迁居珠江三角洲一带,以操粤语方言为文化特征的广府先民们,将自己的智慧融入药草的运用中,自《肘后备急方》以后的多种医籍成为他们的领航明灯。于是乎,广药与烹饪经验结合愈发紧密,利用具有药用功能的食材或者在食材中加入特定的中药材,使其具有防病治病、保健强身的功效,成为广府养生保健必不可少的特殊膳食。茅根竹蔗水可润燥利尿,荷叶茯苓粥健脾能生津止渴,石斛淮山杞子猪骨汤则润肺美肤……琳琅满目的广府药膳菜单发展至今,已然囊括了菜肴、粥食、糕点、汤羹、饮料等珍馐百味。

清末民初的广州大沙头码头一带曾是中草药的集散地,有多家民间中草药房、中医馆及凉茶铺开铺营业。1927年,大文豪鲁迅也慕名到此抓药品茗。

广州神农草堂中医药博物馆内种植的五指毛桃。

广州神农草堂中医药博物馆内种植的广藿香。

民间文化探寻者谢思埸走进广州大沙头的广府药膳街。

　　藏匿在一幢幢齐整老旧民居缝隙中的广府药膳街，国医大师邓铁涛亲题的匾额赋予了此地浓厚的中医药气息。街巷里，低调的广府本草博物馆闯入眼帘。馆内，青花缠枝纹瓷汤碗、青花鱼藻纹汤罐、青花冰梅图汤罐以及青花缠枝莲纹盖罐，一件件宝器铭刻着广府人钟情于"应季而补"的烂漫历史。

　　"这些碗和罐，分别有装茶、净水、炖汤、藏药等用途"，广府本草博物馆创办人李少勤介绍道，"以前的人在对这些日常器皿的使用中，逐渐发展出审美的价值，才成就了如此精致的瓷具，这也见证了广府药膳发展的源远流长"。

广府本草博物馆。

广府本草博物馆内收藏着许多中药材。

| 四季茶饮 |

"广东有三宝：烧鹅、荔枝、凉茶铺。"凉茶在广府人对养生的追求中从未缺席。

在广东省凉茶博物馆，一辆停在广式凉茶铺前的五羊牌二八大杠自行车，载人回到 20 世纪街头卖茶的情景。一方方毛笔手写的茶饮竹牌，提醒广府人当日在售的金银露、斑痧凉茶、罗汉果五花茶、菊花雪梨茶、红枣桂圆茶……每一种都使用"老广"信任的砂煲煎煮熬制，店铺天花板悬挂的各种干药材证明本店的用料十足。

馆长莫子瑜是凉茶专家，他将菊花茶、茅根、淡竹叶、金银花、葛根、鱼腥草、山药、栀子、薄荷、茯苓、桑叶、蒲公英等二十余味药材熬煮数个小时，制成了享誉民间的二十四味凉茶。"普通的凉茶一般都是用三五味的草药，二十四味凉茶就是加了足足有二十四味药材。它引申到现在有其他的意思，就是我对这个事很认真，下很多功夫，采取的措施非常严厉。"

凉茶大多入喉生涩清苦，却又悠然回甘。在调理身体的功效之外，凉茶已经成了广东地区乃至大湾区的符号。

"南方天气温暑，地气郁蒸，阴多闭固，阳多发泄，草木水泉，皆禀恶气，人生其间，元气不固，感而为病，是为之瘴。"这是元代《岭南卫生方》指出的岭南气候的特点。由于地处热带、亚热带地区，湿度大、温度高，广府人采用了许多治疗瘴疬和上火的药方，它们的功效与今天的凉茶相似，可以说是凉茶的"前身"。

元代市井中开始售卖"凉药"，患者买来直接服用后，可以治疗伤寒头痛，有祛毒败火的功效，明清时这种汤药的种类更加多样。中国人骨子里，始终讲

广东省凉茶博物馆内展示制作二十四味凉茶所需的部分药材。

广东省凉茶博物馆展示的药碾。

广东省凉茶博物馆馆长莫子瑜准备制作二十四味凉茶。

求趋吉避凶，日常饮用的汤药以"药"冠名不太吉利，于是在清朝嘉庆和道光年间后，才有了"凉茶"的叫法，"凉"凸显了药性寒凉，可降火的特点。

广东中医药博物馆的岭南医史馆内，聚光灯下一个高 29 厘米、底径 26.6 厘米，通体呈暗绿的圆身药罐格外瞩目，其正面赫然雕刻着"王老吉"，这是民国石湾窑王老吉铭绿釉陶凉茶缸。初见时，你会惊诧于王老吉品牌的历史悠久，背后是广式凉茶品牌的沉淀与积攒。从老式砂煲到新式饮料罐，以上清饮、王老吉、黄振龙、健生堂、沙溪、和其正及黎恩等为代表的凉茶品牌，正将这种养生饮料推向世界。

广东中医药博物馆副馆长张书河介绍刻着"王老吉"的凉茶缸。

2006 年，由广东省文化厅、香港民政事务局与澳门文化局共同申报的，粤港澳 21 家凉茶生产企业拥有的 18 个品牌 54 个秘方及术语，被认定为首批国家级非物质文化遗产，受到《世界文化遗产保护公约》及我国有关法律永久性保护。

| 药膳顶流 |

"一碗凉茶从太叔公传到了孙子，一煲靓汤从太婆手里熬到媳妇"，凉茶与靓汤是广府人在斗转星移中积淀出的经验智慧。

"不识煲汤煮糖水的女仔嫁不出"的说法，虽是民间戏谑之言，但也足见老火汤在当地的"扛把子"地位。作为两大"顶流"之一，广府人无汤不上席，无汤不成宴，四季都离不开汤水。

汤料药膳，是利用中草药进行食疗的最重要体现之一。据考古研究发现，广东地区的人类在还没有煮食器皿的年代，便已在地上挖坑铺兽皮，将食物和水煮烂成汤。

广东中医药博物馆所藏的古籍、食材模型和广告印版，集中体现了用药膳防病治病的潮流。以药膳菜品为特色的大小店铺在广东遍地开花，民间家庭更早已把老火汤喝法熟稔于心，有自己的"心法秘诀"。

老火汤中，鸡汤是"个中翘楚"。葛洪在《治伤寒时气瘟病方》中提到吃鸡要"熟，食肉，饮汁令尽"，可见先辈们在千年以前就认识到了鸡汤的价值。广东中医药博物馆副馆长张书河介绍，广东人四时养生常见的鸡汤就有椰子煲鸡、猪肚鸡、虫草煲鸡、茶树菇煲鸡、五指毛桃煲鸡、鲜鲍鱼煲鸡、玫瑰红莲银耳鸡肉汤、黑木耳山药煲鸡以及红枣枸杞滋补鸡汤等十余种，"虽材料有异，但含鸡肉为主的汤普遍具有温中补益气血的功效"。

秋冬时节，透气的祖传瓦煲是走地鸡最好的"命终"归宿。广府人用常见的中药材五指毛桃配以鸡肉和其他原料，一并文火熬煨，肉料的蛋白质在加热中会水解成氨基酸，植物蛋白则会水解成谷氨酸。原本不易吸收的大分子物质，逐渐分解为小分子物质，从而被人体吸收。简单易行的汤水完美诠释了食借药

广东中医药博物馆内的中草药标本。

广东中医药博物馆内展示的广州西关"中医街"历史旧照。

力、药助食功的药膳本质。

形形色色的"老火汤"在生活里发挥着润物无声的作用。近在香港、澳门等地的餐厅，远至美国旧金山、加拿大温哥华等城市的唐人街，都已飘散着与广州东山、西关街巷中一样的老火汤香味。

一道道美食佳肴，是老饕的盛宴；满桌的至味，呈现的是饮食潮流、养生保健与民俗传奇交融的地域文化。

化痰、健脾胃的陈皮八宝鸭，有祛风、活血功效的当归咸香鸡，补益精血、乌发抗老的首乌酱香骨，可清热祛湿、受到慈禧太后青睐的八珍糕，这些药膳

是一张地域美食名片，也是一场岭南集体记忆的历史叙事，更是世界深入了解一个民族的窗口。

参考文献：

刘玲娣、邓继鹏：《葛洪：岭南地域文化符号的当代价值与传承》，《惠州学院学报》2022年第4期。

刘焕兰、石伟超、曲卫玲：《岭南养生文化的源流与发展探讨》，《中华中医药杂志》2015年第9期。

- 民间文化探寻者说 -

南都：在这趟探寻之旅中，令你感触最深的是什么？

谢思埸：令我感触最深的是药膳历史悠久，先辈们的智慧把药疗融入百姓的饮食文化当中。

南都：你对广府药膳有了什么新认识？

谢思埸：除了原来我知道的凉茶、靓汤，广府药膳还包括糕点、粥食、饮料等珍馐百味，十分丰富。

南都：你怎么看待独特的凉茶文化？

谢思埸：一方水土养一方人。独特的岭南气候孕育了喝凉茶的保健养生习惯，像二十四味凉茶还延伸出了语言文化隐喻，可见其底蕴深厚，源远流长。

南都：你最想给朋友推荐的药膳是什么？

谢思埸：鸡汤。走地鸡和不同药材煲出来的汤不仅味道鲜美，普遍还具有温中、补益气血的功效，能够滋养身体，是广府人最为熟悉的靓汤。

匠心巧思

▼ 区民间文化探寻者
全国工程勘察设计大师，华南理工大学建筑设计研究院有限公司院长、总建筑师倪阳

▼ 民间文化记录团
贺蓓 伊凯文 刘宝洋 龙飞 陈冲 林经武

▼ 本章主笔
贺蓓

文献支持 ／
陈慈黉故居
广东中国客家博物馆
余荫山房
潮州嵌瓷博物馆
广州市文化馆新馆

一砖一瓦里的岭南故事

人是万物的尺度。

在大地上，造一所房子。

建筑，作为一种空间重构的形态。山水、植物、空间被组织，人文和环境因素在其中得到尊重。

岭南，在岭与海之间。五岭耸峙阻隔，海风温润吹拂。独特的环境与人文，造就了岭南建筑特有的匠心与巧思。

敢于创新，勇于实践的岭南人，始终关注环境与文化，赋予岭南建筑穿越古今、荟萃南北、融汇中西的独特之美。

｜ 南北荟萃 ｜

翻山越岭，通达中原。

数百年前，中原汉人南下迁移，成为"客籍"。这些"北方来客"以血缘为纽带，聚族而居，也把中原建筑的基因带到南方。

围龙屋成为梅州地区最具特色的民居建筑形式，是集传统礼制，伦理观念，

广东梅州地区围龙屋。

阴阳五行八卦等哲学思想和建筑艺术于一体的民居建筑。

"客家围楼既沿袭了中原古风，也融合了岭南文化与自然环境。围楼常常选址在背山面水的缓坡，既有利采光、通风、排污、防潮，也便于生活取水和保护耕地，展现出极强的环境适应性。"广东中国客家博物馆馆长谢涛如是介绍。

该博物馆是国内首家全面展示客家民系文化渊源与发展，系统收藏、整理、研究和展示客家历史文物与客家民俗文物的国家一级博物馆。

客家围楼，继承同居共住的北方院落文化，具有极强的中国传统礼制特征，又融入"阴阳和谐"的理念，内向性与防御性俱佳，像一座"堡垒"，牢固守护家园安宁。

民间文化探寻者倪阳与广东中国客家博物馆馆长谢涛（右）在广东中国客家博物馆讨论客家围屋结构。

| 中西汇通 |

向海而生，连接域外。

作为海上丝绸之路的重要枢纽，岭南地区孕育出中西交融的"咸淡"文化，也镌刻在一砖一瓦之中。

第一个做嵌瓷的潮汕匠人不会想到，原本只是"变废为宝"之举，一不小心竟惊艳了所有人。

嵌瓷，是潮汕地区特有工艺，迄今已有 300 多年历史。

潮汕祠堂屋脊上，或龙飞凤舞、虎啸苍穹，或麒麟踏云、鱼跃龙门，宛若一出大戏唱屋顶，被誉为"永远亮丽的造型艺术"。

在潮州流传着一句话——"京都帝王府，潮州百姓家"，所赞扬的是具有极高美学价值和文化底蕴的潮州古民居。

五彩斑斓的釉彩陶瓷片，经剪取、敲制、灰塑和镶嵌，纯手工制作，成为接地气的艺术瑰宝，也是潮汕建筑的经典注脚。

在潮州嵌瓷博物馆的二楼，摆放着一件长 12 米、宽 1.4 米、高 2.05 米的巨型潮州宗族祠堂屋顶。

① 潮州嵌瓷博物馆内展示的巨型潮州宗族祠堂屋顶。

② 潮州嵌瓷博物馆内的嵌瓷作品《霸王别姬》。

据悉，这是国家级非物质文化遗产（嵌瓷）代表性传承人、广东省工艺美术大师、潮州嵌瓷博物馆馆长卢芝高，于 2013 年受邀参加广东美术馆一个国际性展览专门创作的作品，他带着多名学徒，耗时 8 个月左右完成。

"把屋檐下嵌瓷搬进室内，装上飞檐、铺上灰瓦，嵌上了铁甲武将，单瓷片使用数量就达近 10 万枚之多。"卢芝高介绍。

有潮水的地方，就有潮汕人。岭南建筑的元素，也伴随潮人的脚步扬帆出海。

卢芝高说，"'厝角头有戏出'，在港澳台、东南亚，只要有潮汕人聚居的地方，就有嵌瓷工艺，嵌瓷也承载了海外潮人的眷恋与乡愁"。

西式建筑的风格与元素，也被潮汕人带回故土，灵活运用。

被誉为岭南第一侨宅的陈慈黉故居堪称代表。它是典型的"从厝式"民居，既保留潮汕民居"下山虎""四点金""驷马拖车"的建筑风貌，又效仿中国古典的宫廷式建筑，富丽堂皇，古朴典雅，更揉合西方建筑特色。

其中的"善居室"组群以典型的"驷马拖车"为主体，中西合璧，厢房仿北京故宫的东西宫建筑，四周为双层洋楼。每座院落内部大院套小院，大居配小屋，既点缀亭台楼阁、西式阳台，又设有更楼哨台和通廊天桥。

陈慈黉故居中的建筑形制和装饰，更是中西融合的代表。中式金漆木雕，名家书丹石刻，和进口瓷砖、西式柱头、马赛克、彩色玻璃等"舶来元素"糅合在一起，却能协调统一，别具一格。

"慈黉爷，真有钱，起大厝，砌玻璃"。大宅里的玻璃距今已有百年历史，据悉都是当年从西班牙和意大利进口的，在当时，玻璃价值堪比黄金。进口瓷砖式样更达数十种，历经百年，花纹色彩依然亮丽如新。

陈慈黉故居窗户装饰。

陈慈黉故居门楣装饰。

陈慈黉故居。

　　"陈慈黉故居，包括我们讲的'驷马拖车'的格局，其设计构成的核心价值是中国儒家文化所强调的礼制。家庭是最基层的教化单元，所谓修身齐家治国平天下。它的底层是我们所讲的伦理。人的、社会上的伦理，反映到建筑上，形成了建筑的伦理。伦理产生秩序，秩序产生美。"华南理工大学建筑设计研究院有限公司建筑文化遗产保护设计（古建团队）负责人李哲扬认为，潮汕人

骨子里，对族群文化葆有一种高度的自我认同和珍视。

　　岭南建筑在创新包容上有多大胆？一扇小小的满洲窗也能给你答案。

　　中国传统木制窗棂，镶嵌西洋彩色玻璃，巧妙实现一窗景色分四时。又将中西园林创作艺术结合，建筑形式及色彩也集东西方建筑美学于一体。

陈慈黉故居的庭院鸟瞰图。

　　"余地三弓红雨足，荫天一角绿云深"。作为岭南园林的集大成者，余荫山房是广东四大名园中保存最为完好的一座。

　　方圆三百步间，将馆楼、亭台、桥廊、轩榭、山石等建筑景物全数收纳，好个"壶中纳天地，咫尺造山林"。

　　"玲珑水榭八角亭"八面观景，是一年四季都不会让人失望的观景之处，也是赋诗把酒、吟风弄月的诗意场所。

余荫山房的文昌阁。

余荫山房。

倪阳在余荫山房巷道中讲解岭南园林。

　　在现代庭院布局上，余荫山房学习借鉴了传统的藏露、收放、渗透、穿插等序列组合结构，构成多层次的园林庭院空间，将景物和建筑空间有机结合。"我们看到岭南建筑常用一些多进多庭，高墙冷巷，连房博厦的手法，达到通风散热的绝佳效果。"全国工程勘察设计大师、华南理工大学建筑设计研究院有限公司院长、总建筑师、华南理工大学建筑学院博士生导师倪阳说。

　　岭南人崇尚自然真趣，又深知生活之乐。这种审美志趣又催生了独特的岭南园林文化。

　　可行、可望、可游、可居的园林空间，处处体现着岭南建筑求真传神，求实写意的艺术风格，也体现出岭南作为中西交流汇聚地的特点。

｜ 古今融合 ｜

　　拂尘惊世，今朝如何？

　　普利兹克建筑奖得主罗杰斯曾说："每一个伟大的建筑都是那个时代的现代建筑。"

　　得风气之先的广东，涌现出一批岭南建筑界大师。他们立足岭南，大胆创新，设计了一批划时代的岭南建筑优秀作品。

　　中山纪念堂、爱群大厦、中山医学院建筑群、华南工学院建筑群、双溪别墅、广州宾馆、中国出口商品交易会流花路展馆、白云宾馆、白天鹅宾馆、北园酒家、西汉南越王博物馆、星海音乐厅、中国国家版本馆广州分馆……岭南建筑不断推陈出新，结合气候、地域特点走出了一条独特的现代性发展之路，也让其走向全国乃至世界。

　　"十里红云一湾水，八桥画舫十六亭。"广州市文化馆新馆，正是传统和

落日下的广州市文化馆新馆。

倪阳俯瞰广州市文化馆新馆。

现代巧妙组合的产物。

　　该馆项目总设计师倪阳说，总体布局上，通过堆山理水，相地造园，实现园中有园和空间的丰富多变。

　　既形成以充当公共文化中心的阁楼、山门、群众文化广场和岭南曲艺园为轴线的仪式空间序列；也形成了由延水蜿蜒分布的各个园林建筑组成的，或开或合的自由空间序列，相得益彰。

　　硬山屋顶、蜗耳墙、冷巷、砖雕、木雕……传统的建筑形制与符号，在现代公共空间交汇碰撞。现代建筑科学的加持，让岭南新建筑源于传统又超越传统。

　　"岭南四大园林对我们的设计很有启发，这里有很多的元素，都是对传统园林的传承与创新"，倪阳说。

　　"执中守一，善变有度"。一面不断创新，一面强化传统。既有着放眼海外的宽广视野，也有植根乡土、比附传统的回归引力。

　　岭南建筑一直求变，唯其不变是根植于岭南大地开放革新、兼容并蓄、务实包容的文脉底色。

　　最少保守、最富进取的岭南人匠心巧思，锐意开拓，赋予岭南建筑欣荣向上，生机勃发的特征。

- 民间文化探寻者说 -

南都：此次探宝觅踪之旅什么最打动你？

倪阳：在疫情期间有那么多的人为了这个节目倾情付出，令人感动。

南都：作为建筑设计师，你怎么看岭南建筑的创新发展？

倪阳：我觉得首先应分清什么是岭南建筑和岭南的建筑。一般来说，只要在岭南这块土地建的建筑都叫岭南的建筑。但是岭南的建筑并不等于是岭南建筑。我觉得，以下这样的定义才符合岭南建筑：岭南建筑是符合岭南人民生活和工作模式的，适合其环境条件的建筑。如果从时间上看，用当代的思想、技术、材料去演绎的，就可称之为当代的岭南建筑；而过去用一些传统的思想，传统的技术，传统的材料去演绎的，那就称之为传统岭南建筑。岭南建筑本身就是随时代不断演变、不断创新发展的。只抱着传统岭南建筑情怀，是对岭南建筑的一种认知偏见，我觉得这不可取。希望我们看到的是一个不断传承和发展的岭南建筑。

▼ 第八站

▼ 民间文化探寻者
广东省美术家协会主席林蓝

▼ 民间文化记录团
胡群芳 张静 张志韬 钟锐钧
伊凯文 陈冲 魏雄锋

▼ 本章主笔
胡群芳

青南
丹岭

文献支持 /
岭南画派纪念馆
广州艺术博物院
广东美术馆
广州十香园纪念馆

图片支持 /
广东省新石湾美术馆
（部分图片由受访者提供）

墨韵融古今 中西两相宜

　　阳春三月，木棉怒放。陈树人纪念馆以《雄姿英发岭南花》为主题作品的陈永锵木棉作品展，让由衷喜爱木棉的老广流连忘返。陈永锵是岭南画派著名画家，在他融合中西、刚柔并济的笔触下，本是圆形的木棉花，因为勾线，呈团块结构，花蕾似"捏着拳头"一样有力。陈永锵说，他就是要强调木棉独具的力量美感，展现岭南精神与民族风骨。

　　在岭南文化中，广东美术有着辉煌历史，岭南画派更是独树一帜、影响深远。岭南画派是中国传统国画的重要流派，以"折衷中西、融汇古今"的改革主张，在近现代创造出积极的艺术革命思潮与创作风潮，在中国画坛留下浓墨重彩的一笔。

　　岭南画派笔墨之间，有诗词意境，也有时代风云。不必刻意前往美术馆，也许在岭南的某个地铁站，就能邂逅一幅昂扬多姿的木棉。这些作品，和充满生气、开放务实的岭南画派精神一起，早已融入岭南人的日常生活和审美。

位于广州海珠区怀德大街的十香园，被称为"岭南画派的摇篮"。

| 溯源：十香盈一院 岭南独风流 |

　　从广州海珠区江南大道拐入隔山社区怀德大街，不到十分钟，一座青砖墙围成的岭南民居小院出现在河涌边。这里闹中取静，清幽得有些低调，不经人指点，也许就擦肩而过了。待走近一看，雕塑家潘鹤、潘奋父子创作的雕像《隔山祖师》赫然眼前。

紫梨半館

人行未履花間

月在瀑枝楠上

十香园内的紫梨花馆，是当年居廉教授弟子的地方。

民间文化探寻者林蓝走访十香园，在啸月琴馆观赏欧豪年《十香二老图》。

　　进入院内，才知外观并不起眼的院子别有洞天。今夕庵、啸月琴馆和紫梨花馆，三座遗址区的主体建筑颇有古意。整体院落虽不算太大，但亭台楼榭间，灵动的瀑声和肥美的锦鲤吸引了不少游人和社区居民。这里便是十香园纪念馆。

十香园纪念馆馆长何培（左）和林蓝在十香园追忆"二居"和岭南画派往事。

　　十香园，是并称"二居"的晚清著名花鸟画家居巢、居廉的故居及作画授徒之所。"隔山祖师"正是指的这对堂兄弟。十香园这个名字很雅致，据称是因院内曾种有素馨、瑞香、夜来香、鹰爪、茉莉、夜合、珠兰、鱼子兰、白兰、含笑等十种香花而得名。这些香花，也是"二居"为了作画写生而栽。

　　广东省美术家协会主席林蓝和十香园的渊源很深。20 世纪 80 年代，她在十香园近旁的广州美术学院附中念书。上初中时，母亲领她第一次到此园，她怀着"朝圣"的心情来写生。后来，她于广州美术学院正式开启专业学习，也在十香园隔壁。多年后再回十香园，林蓝感叹，这许多年来，"看着它（十香园）

居廉《采花归》。广州艺术博物院藏

居廉《南瓜花·螽斯》。广州艺术博物院藏

居巢《荔熟蝉鸣》。广州艺术博物院藏

居廉《龙舟竞渡》。广州艺术博物院藏

变，自己也在变"。

十香园纪念馆馆长何培介绍，1864 年居巢、居廉回到故乡广州重修了这处园子，后在此开馆授徒，一批近代美术人才从这里走出，岭南画派创始人高剑父和陈树人亦曾学画于此。有报道称，当年居廉同时教授多个学生，打破了传统师徒一对一授受的模式，由此开启岭南画人在美术教育现代化上的探索，后人亦评价居廉"以一己之力带动了大半个广东美术的新生代"。由此，十香园也被称为"岭南画派的摇篮"。

｜ 融合：好物皆入画 笔法融中西 ｜

有趣的是，喜爱写生、注重师法自然的居廉，当年可谓妥妥的"带货博主"。不同于当时盛行的摹古之风，不走寻常路的他就近取材，生活中常见的花卉、蔬果、草虫甚至腊肠、腊鸭、瑶柱等岭南好物无一不画。他开创"撞水撞粉"技法，画风灵趣自然。林蓝说，居师（居廉）开创的这些技法，她现在仍在用。

如今，林蓝的画室里仍挂着一幅居师的画。对这幅画，她始终有种质朴的情感。十来岁时，她画花鸟临摹的第一张画，便是居师的这张"撞水撞粉"小花鸟。在她眼里，"撞水撞粉"不仅仅是技法的开创，更是观念的更新。

她说，居师的时代，已有西洋油画传入岭南，"撞水撞粉"实际上是借鉴了油画中的光影概念。撞入水跟撞入粉是亮面，水灌注的地方是暗面，光影概念的引入，已是一种融会贯通，"艺术是社会系统里的子系统，在西风东渐的时候，居师的国画就借鉴了很多西洋油画的观念，而且这种'拿来'不是刻意的，是自然而然产生的"。

贴近生活、师法自然的"二居"开创的写实传统，深深影响了后来的岭南画派。世人都说岭南画派擅画花鸟。他们既是在画花鸟，又不仅仅止步于此，而是歌颂自然和生命。

十香园里，今夕庵与紫梨花馆相对，院里有一眼 4 米多深的古泉井，据称十香园建成时它便已存在。这口古井孕育出大批岭南绘画人才，居巢、居廉及弟子后人均以此井水为生活用水。古泉井近旁，一株据说是当年居巢亲手所种的梅生铁树（居巢雅号"梅生"），至今蓬勃苍翠。难怪后人评价，岭南绘画艺术有生生不息的强大生命力。

｜风骨：昂扬英雄气 磊落君子风｜

20 世纪初，从十香园走出的高剑父、陈树人（和高奇峰并称"二高一陈"或"岭南三杰"，三位均为岭南画派创始人）等提出"折衷中西，融汇古今"的改革主张，吸引大批青年艺术家打 call，他们在战火纷飞中做实业、办画报、开画展，以"艺术救国"走入大众。而后岭南画派第二代崛起，其中关山月、黎雄才、赵少昂、杨善深被誉为"岭南四大家"，佳作频出。

富有革命和实干精神的岭南画派，擅用传统技法展现时代风物。在众多岭南画派画家笔下，木棉可谓"顶流"。岭南画派画红棉，或有陈树人的端庄清逸，或有赵少昂的秀丽生动（多画折枝的木棉）。

75 岁的岭南画派著名画家陈永锵（佛山南海西樵人），也是木棉的"超级粉丝"。人称"锵哥"的他，所画木棉大多热情如火、绚烂多姿。

胸有红棉三万株，拈来椽笔绘宏图。坐在即将绘就的 4 米长红棉新作前，"锵哥"滔滔不绝，"我是木棉树下长大的孩子，从两三岁记事起，看木棉花开花落，对它有很深的感情。木棉花落的时候，不像一般的花飘零，它就一朵一朵很完

高剑父《东战场
的烈焰》。广州
艺术博物院藏

关山月《绿色长城》（第一稿）。关山月美术馆藏

关山月《报春图》（局部）。广东美术馆藏

黎雄才《西樵雨后》（局部）。广东美术馆藏

陈永锵《南
粤雄英》。

整地从树上掉下，虽然小，啪一声，掷地有声！"

"锵哥"14岁时拜梁占峰为师学画，记住了老师画的四尺红棉上的自题诗，"愿祝人生似木棉，凌云百尺气冲天，花开映日红如血，絮落纷纷暖大千"。老师的这幅画和这首诗对他影响很深，由此也画了木棉几十年。

"锵哥"说作画是情感的一种由衷表达。在他眼里，木棉体直色正，比其他的树要挺拔大气，坦坦荡荡但又不霸道，不似榕树仿佛总要盖过别人，正是岭南人性格和风骨的写照，"落叶开花飞火凤"，正所谓昂扬英雄气、磊落君子风。

艺术，无非是用艺术语言讲心里最想讲的话。将木棉画得如此铿锵的"锵哥"，其实也画小花小草。一把种子撒下去就能疯长的水葫芦，他题名"璀璨

"锵哥"陈永锵说起木棉便滔滔不绝，背后是他的4米长新作。

浮生"，说水葫芦就像普通人，在哪里都能生存，随波但不逐流。

"我是普通老百姓，我也喜欢普通老百姓，岭南画派就是这样。二高一陈，首先是革命者，同时又是画家，他们主张不要躲在象牙之塔，要走向民间，要关心民生疾苦，表达老百姓的心声"，"锵哥"说。

在林蓝看来，木棉为岭南特有，其刚直向上的外形和蓬勃怒放的气质，本身就传达一股红红火火的精神与刚健热烈的生命力，岭南画派的大师们爱木棉，可能因它契合岭南地域的文化传统和务实求真精神，"岭南画家的写生，写的是可眼见可直观的真正活生生的'生'"。

| 润物：写生活之生 创时代之新 |

如今，岭南画派的名家作品享誉海内外。在大湾区，这些作品除了广东美术馆等多有收藏，也是许多民间美术馆的宠儿。岭南画派的精神，既在广东美术馆、广州艺术博物院、岭南画派纪念馆里的一幅幅典藏中延续，也影响着这片沃土上民间美术馆的发展。

在岭南文化发源地之一的佛山，有一座由当地酿酒企业建立的民营美术馆——广东省新石湾美术馆。美术馆所在的石湾大雾岗，唐代就已有人在此建窑烧陶，附近还有莲峰书院、宝丰塔、丰太洞等历史古迹，是佛山文脉之一。

广东省新石湾美术馆创始人范绍辉介绍，美术馆创办9年来，举办了一系列具有鲜明岭南特色的展览。听闻新石湾美术馆除了办展推介青年艺术家，还设有新时代美术创客空间，助力青年艺术家创作，到访的林蓝很是认同。

"我们生活在岭南，也想让这里的受众与本土艺术产生更多共鸣，让观众看到岭南画派在岭南一脉相传与繁荣发展的局面。广东是得风气之先的地方，

广东省新石湾美术馆，是位于佛山石湾的民营美术馆。

广东省新石湾美术馆创始人范绍辉（右）向来访的林蓝介绍美术馆发展情况。

我们谈岭南画派，不仅仅是说绘画技法和风格传承，更重要的是其守正创新的精神。这种精神，也是我们创办民营美术馆的初心和动力"，范绍辉对林蓝说。

美术馆是兼顾过去、现在、未来的艺术中心。在广东美术馆馆长王绍强看来，成长在美术馆时代的新一代年轻人，拥有着无限宝藏和众多可能。他认为，"2023 年是广东美术馆的大年"，白鹅潭大湾区艺术中心（即广东美术馆、广东非物质文化遗产展示中心、广东文学馆"三馆合一"项目）即将建成为全国乃至亚洲、世界级的艺术殿堂，同时随着广州艺术博物院新馆、深圳美术馆新馆、改造后的岭南画派纪念馆等的落成，将会形成广东美术的新格局，

建设中的广州白鹅潭大湾区艺术中心宛如一艘"文化巨轮"扬帆珠江。该项目集广东美术馆、广东非物质文化遗产展示中心、广东文学馆"三馆合一"。

在大湾区的发展格局下，彰显岭南文化的新面貌。

在粤港澳大湾区，像广东省新石湾美术馆这样的民间美术馆还有很多，它们同样想做一座桥梁，将艺术与普罗大众连接起来。这也意味着，星罗棋布的湾区民间美术馆，将和白鹅潭大湾区艺术中心等地区文化地标一起，成为让岭南画派先行者精神传统得以延续的推手。

正如林蓝所说，岭南画派一贯追求走向大众、融入民间生活。从融入社区、隐于市井的十香园，到以木棉入画，画下岭南半边春色、一身风骨的风格化创作，再到本地美术馆架起的联通大众和艺术的桥梁，新时代的岭南画派仍然务实开放，紧紧扎根岭南，注重"写生活之生"，并从中汲取源源不竭的养分。

南都：你所理解的岭南画派的精神是什么？

林蓝：以两个字概括就是"革命"，革命与创新是岭南画派的精神内核。岭南画派的创始人，两高一陈（高剑父、高奇峰、陈树人）等本来就是怀抱家国情怀和报国之志而投身革命的志士。当他们重新拿起画笔，这股革命精神又被灌注到画作里去。因此，百年前生长在西风东渐的环境下的岭南画派，一开始就是革命的、创新的，一开始就提出"折衷中西、融汇古今"的国画革命主张，主张以倡导艺术革命、建立现代国画为宗旨。百年来，岭南画派一直焕发着巨大的活力，它从岭南大地中生长出来，紧紧扎根在这片革命与创新的热土里。

百年后，改革开放在广东的先行，同样体现着这股岭南精神的蓬勃与活力。

南都：岭南画派的大师们多爱画木棉，有何原因？

　　林蓝：无论从创作意识还是画面样式来说，岭南画家的写生，重点在写生活之"生"，写的是可眼见可直观的真正活生生的"生"。究其原因，似乎应源自岭南地域特有的务实意识。而正是由于面对自然、面对生活的这种"求真""求实"的态度，使得画家们从自身写生实践里发掘、发现、归纳、总结出大量岭南地域特有的花鸟新题材，以及与之对应的新的表现手法。而这些均无古人样式可借鉴，必须步步依从自己真实观感，必须笔笔从自然、从生活中来。而木棉为岭南特有，木棉那刚直向上的外形和蓬勃怒放的气质，本身就传达一股红红火火的精神与刚健热烈的生命力。岭南画派的大师们爱木棉，可能确因它契合岭南地域文化传统，契合广东精神吧。

南都：作为民间文化探寻者，这趟旅程，你印象最深的是什么？

　　林蓝：印象最深的还是广东美术馆新馆。如果说此行的十香园代表的是岭南画派传统，广东画院和广东省新石湾美术馆展现出岭南美术创作与展藏的当下，那么广东美术馆新馆呈现的是一个"未来态"。广东美术馆新馆像一艘巨型"航空母舰"，在珠江边白鹅潭拔地而起，让人生出强烈的文化自豪感。今天，大湾区的艺术文化不断创新升腾，今天的我们已具备平视世界的自信与坚定，广东美术馆新馆所在的白鹅潭大湾区艺术中心的建成，必将作为新时代文化湾区建设的重要组成部分，有力促进粤港澳大湾区美术高质量发展，必将有力促进中外美术交流互鉴。而在推动中华文化走出去，把世界优秀文化请进来的过程中，艺术一定是最美好而共通的语言！